本书系河南省高等学校哲学社会科学研究应用研究重大项目“当代社会思潮：引领与消解”（2016-YYZD-10）最终成果，国家社科基金重点项目“习近平新时代国家治理思想研究”（18AKS014）的阶段成果。

DANG DAI SHE HUI SI CHAO PING XI YU
YING DUI YAN JIU

当代社会思潮评析与应对研究

刘振江　任金帅　亢飞　著

光明日报出版社

图书在版编目（CIP）数据

当代社会思潮评析与应对研究 / 刘振江，任金帅，亢飞著 . -- 北京 : 光明日报出版社 , 2021.10
ISBN 978-7-5194-6362-5

Ⅰ . ①当… Ⅱ . ①刘… ②任… ③亢… Ⅲ . ①社会思潮—研究—世界—现代 Ⅳ . ① D091.5

中国版本图书馆 CIP 数据核字（2021）第 218671 号

当代社会思潮评析与应对研究
DangDai SheHui SiChao PingXi Yu YingDui YanJiu

著　　者：刘振江　任金帅　亢飞
责任编辑：靳鹤琼　　　　　责任校对：刘秋琴
封面设计：王培花　　　　　责任印制：曹　诤

出版发行：光明日报出版社
地　　址：北京市西城区永安路 106 号，100050
电　　话：010-63169890（咨询），010-63131930（邮购）
传　　真：010-63131930
网　　址：http://book.gmw.cn
E - maill：gmrbcbs@gmw.cn
法律顾问：北京市兰台律师事务所龚柳方律师

印　刷：河南黎阳印务有限公司
装　订：河南黎阳印务有限公司
本书如有破损、缺页、装订错误，请与本社联系调换，电话 010-63131930

开　本：170mm × 240mm　　　　印　张：10
字　数：160 千字
版　次：2021 年 10 月第 1 版
印　次：2021 年 10 月第 1 次印刷
书　号：ISBN 978-7-5194-6362-5

定　价：38.00 元

目　录 | Contents

第一章　绪　论

一、社会思潮概述…………003

二、社会思潮研究的理论认知…………014

第二章　普世价值思潮评析

一、普世价值思潮的发展演变…………025

二、普世价值思潮的基本内容…………030

三、普世价值思潮的评析…………038

四、普世价值思潮的应对与消解…………043

第三章　民粹主义思潮评析

一、民粹主义思潮的发展演变…………055

二、民粹主义思潮的基本内容…………064

三、民粹主义思潮的评析…………069

四、民粹主义思潮的应对与消解…………073

第四章　历史虚无主义思潮评析

一、历史虚无主义思潮的发展演变…………081

二、历史虚无主义思潮的基本内容…………088

三、历史虚无主义思潮的评析…………………………………………………095
四、历史虚无主义思潮的应对与消解………………………………………103

第五章　民族主义思潮评析

一、民族主义思潮的发展演变…………………………………………………112
二、民族主义思潮的基本内容…………………………………………………120
三、民族主义思潮的评析………………………………………………………126
四、民族主义思潮的引领与消解……………………………………………129

第六章　文化保守主义思潮评析

一、文化保守主义思潮的发展演变…………………………………………137
二、文化保守主义思潮的基本内容…………………………………………138
三、文化保守主义思潮的评析………………………………………………145
四、文化保守主义的引领与消解……………………………………………151

后　记 ………………………………………………………………………156

第一章

绪　论

一、社会思潮概述

"思潮"，仅就字面言之，即思想的潮流。潮流者，自然之景观，江河奔流，气势非凡；江海潮涌，起起伏伏。思潮者，社会之景象，社会的某一种或几种思想如江河东去，势不可当；如江海涌动，潮起潮落。江海之潮，显示了自然之威力，思想之潮则彰显了社会之变动。社会思潮生成于社会变革的局势之中，越是社会大变革、思想大解放的时期，思潮越繁荣。社会思潮反映不同的利益纷争和社会理想，它存在于各个领域，展现出纷繁复杂的具体面相，如经济思潮、政治思潮、文化思潮、法学思潮、社会学思潮等，对社会主流意识形态进行一定程度的冲击和消解，影响和塑造着大众的心理状态、思想观念和价值诉求。对于各种社会思潮的暗流涌动，既不能视而不见，放任流传，也不能如临大敌，一概摒弃。理性分析、谨慎研判、科学引导、主动防范，是思想政治工作者应当持有的基本态度。

1. 社会思潮的含义与特征

社会思潮的定义林林总总。《辞海》给社会思潮下的定义是："思潮，①某一历史时期内反映一定阶级或阶层的利益和要求的思想倾向。如文艺思潮。②涌现出来的思想感情。如思潮起伏。"[①] 这一定义在一定程度上触及了思潮的社会性、阶级性、时代性等特征，其局限是没有对其本质特征做出完整的回答。梅荣政教授从社会思潮与社会意识、社会心理三者的关系中，给社会思潮下了一个定义："某一时期内在某一阶级或阶层中反映当时社会政治情况而有较大影响的思想潮流，它以一定的社会存在为基础，以特定的思想理论为理论核心，并与某种社会心理发生互相影响、互相制约、相互渗透的作用。"[②] 这个定义突出了思想理论在思潮中的核心地位以及思潮的阶级性和根源性，但没有涉及思潮的传播、演变等问题。综合上述定义，社会

---

① 夏征农、陈至立：《辞海》，上海辞书出版社，2009 年版，第 2130 页。

② 梅荣政：《用马克思主义引领社会思潮》，武汉大学出版社，2008 年版，第 57 页。

思潮就是一定历史时期内，一个国家或地区，反映一定阶级或阶层的利益和要求，影响较大、流传较广的一种理论观点或思想潮流。

从这一定义，我们可以看出，社会思潮有以下几个方面的含义：其一，社会思潮是一种特殊的社会意识形态。社会思潮是一种社会意识，是对一定社会存在的思想反映，代表着一定阶级或阶层的利益诉求。一定时期、地区的社会思潮可能为主流意识形态提供素材，但是社会思潮不是主流意识形态，而是与主流意识形态相对应的一种思想观念，其传播和发展会对主流意识形态造成一定的冲击和消解，严重的会瓦解主流意识形态。密切关注社会思潮的动态，往往是维护主流意识形态安全的主要任务。其二，社会思潮的核心是思想观念。社会思潮与社会心理有一定关联，但社会思潮不同于社会心理，社会心理是社会意识比较浅的阶段和状态，没有成熟系统的思想观点和理论体系。而社会思潮则代表着一种学术流派或思想体系，它们都有主题、有代表人物、有基本立场和观点、有兴衰，学术流派的思想观点是社会思潮的"硬核"。没有"硬核"的社会思潮，缺乏鲜明的理论性，只是一种社会心理，难以持久流行。人们正是通过研究学术流派的观点来了解和把握社会思潮的。所以，每一个社会思潮都以一个或多个学术流派的思想观点为核心，作为自己区别于其他思潮的思想标志。但是学术流派要想成为社会思潮，即从"小众文化"发展为"大众文化"，则要改变纯学术、专业化、精英化的单向度层面，俯下身子，使自己的思想观点让社会上更多的人知晓、理解，产生广泛的社会影响，满足大众的某些心理需求。其三，社会思潮是对社会和时代重大问题的反映。有人把社会思潮当作社会热点。如果把社会思潮比作河流，那么社会热点就是河流与河底礁石相撞产生的旋涡，是围绕社会突出矛盾而产生的思想和舆论的反应。热点五花八门，有理论热点、社情民意热点、国际局势热点等。既然是热点，热得快冷得也快，短的数天，长的数月，热点就会变凉。而思潮，一旦形成，虽说会潮涨潮落，但它会持久地存在，发生着或显或潜的影响。如果思潮与热点重合，思潮会借助热点，传播得更快更广，影响更强烈。热点与思潮之所以不同，就在于热点关注的是现实生活中即时发生的具体事件，因其具体、典型、有冲击力，短时期吸引大众注意力，而迅速传播起来，形成一定的舆论场，随着事件的解决或原因的澄明，迅速地冷却。比如“四个考生答题卡被调包”事件，在短时间内迅速成为各大门户网站和社交媒体平台的社会热点，由于政府部门处置得当，程序合法，结论真实可信，这一热点事件很快便平息了。而社会思潮则是对社会和时代重大问题的理论反映，比如说人的生存问题、社会制度的“合法性”问题、公民的政治参与问题、社会发展的目的问题，都是社会思潮关注的对象，正因为这些问题的重要和重大，它贯穿于整个社会很长的时间之中，一直作为社会重要问题，引起社会的关注。即使在某一阶段有些问题可能不是最重要的，没有引起社会广泛关注，但只要是重大而没有解决的问题，它们在适当的时候又会出现在公众的视野中，由潜在的问题变为显在的问题。

任何事物都有特征，特征是外在的表象，体现和折射着事物的本质。从社会思潮的本质规定性可以推导出，其具有群体性与政治性、实践性与运动性、时代性与民族性的特征。

（1）群体性与政治性。社会思潮具有鲜明的群体意识，以一定的群体作为自己的主体和载体。任何思想观念没有一定的群体认同，就不会转化为社会思潮，也不会传播和发展起来。社会思潮的群体性体现在以下几个方面：首先，社会思潮的产生和发展需要一定的群众基础。从受众群体来讲，一种思想观念如果不能引起他们的心理共鸣和情感认同，就不会被接受和信奉。没有一定规模的群众的认可、接受、传播，它就不会成为思潮。如果一种思潮成了社会思潮，就要以群体的形式去传播和发展，获得更广泛的群众基础。其次，社会思潮作为一种特殊的意识形态，它的受众群体并不具有唯一性或特定性，在一种思想观念刚开始传播的时候，可能局限于某一些群体，随着广泛的传播，它会从一定群体扩展到另一个群体，从家庭、团体、集体扩展到阶层和民族，获得广泛的社会共识。

从社会思潮的政治性来讲，任何社会思潮都有鲜明的政治倾向和价值导向。列宁说过："任何时候也不可能有非阶级或超阶级的思想体系。"① 社会思潮属于社会意识，具有一定的阶级性，社会思潮形式各异，都代表一定的阶级利益，都为一定的阶级和阶层的利益服务，有着鲜明的政治倾向性。完全没有政治倾向性的社会思潮是不存在的，社会思潮的政治性只有"强弱"之分，没有"有无"之分。一种社会思潮之所以能够得到一定阶级和阶层的认同和信奉，就在于它代表着这个阶级和阶层的利益。马克思主义作为一种社会思潮，能够被世界上的无产阶级所接受和认同，就在于它是无产阶级争取自身解放的理论武器，代表着无产阶级的根本利益。从社会思潮的实际结果看，一种社会思潮的传播总是对特定阶级和阶层有利，而对其他阶级和阶层不利，比如说自由主义思潮对资产阶级有利、对无产阶级不利。

（2）实践性与运动性。社会思潮与一般的思想理论不同，它不是纯粹的学术观点或自娱自乐的个体独白，社会思潮作为一种群体意识，具有极强的目标指向性，就是要参与社会变革、解决社会问题、影响现实发展。马克思讲，理论一经掌握群众就会变成物质力量。社会思潮就是通过掌握群众，变成了推动实践发展的物质力量。先进的社会思潮是这样，落后腐朽的社会思潮也是如此。不关注社会现实、不参与社会问题的社会思潮是不存在的。

运动性是指社会思潮呈现出波浪式向前、起伏不定的发展态势。社会思潮一经形成，便遵循社会意识的基本运行规律，一般初期鲜为人知，社会影响较小，经过学者和骨干人员的积极宣传，逐渐被更多的群众所熟知和接受，其社会影响力也随之扩大。但是社会思潮并非一成不变的，它的创立者也不是某一个人，而是一个群体通过接力赓续，使其愈加丰富和完善，越来越契合社会大众的心理需求。这样的社会思潮就具有强大的生命力，能够持续地存在下去。如果某种社会思潮故步自封、不思进取，就丧失了生命活力，很

① 列宁：《列宁选集》第 1 卷，人民出版社，1995 年版，第 327 页。

快就会被遗忘。社会思潮的运动方式就像潮涨潮落一样，也是有起有伏的。社会思潮不会一直轰轰烈烈地向前发展，当它关注的问题和解答问题的方法与思路，与社会大众的心理预期有隔断的时候，它就无法产生强大的社会共鸣，就有可能从盛转衰。反之，如果社会问题和社会心理相契合，处于蛰伏状态的社会思潮又有可能进入公众视野，重新流行起来。

（3）时代性与民族性。黑格尔说过一句名言：哲学是时代的思想把握。换言之，哲学就是用思想去把握和体现它的时代。每个时代都不相同，每个时代都有自己的哲学，自己的社会思潮。从根源上讲，社会思潮是对时代重大问题的理论反映，而时代问题就是那个时代生产力与生产关系、经济基础与上层建筑之间矛盾的集中表现。一定时代的社会思潮的形成和演变是由一定时代的生产方式所决定的，在不同的时代，由于生产方式不同，社会环境的变化，形成了各种各样的社会思潮。马克思说："在不同的所有制形式上，在生存的社会条件上，耸立着由各种不同情感、幻想、思想方式和世界观构成的整个上层建筑。"[①] 恩格斯也认为，在历史出现的"一切理论观点，只有理解了每一个与之相应的时代的物质生活条件，并且从这些物质条件中被引申出来的时候，才能理解"[②]。社会思潮随时代的发展而变化，时代的变化往往通过社会思潮来表现。近代以来，对于中国走什么道路，有不同的主义之争，如立宪主义思潮、自由主义思潮、复古主义思潮、社会主义思潮等，分别代表了不同知识分子救亡图存的社会理想。社会思潮的时代性，还表现在某个时代是革命的先进的社会思潮，到下一个时代有可能就是反动的或不合时宜的。清朝晚期立宪维新思潮相对于君主专制就是革命和进步的思想，但到了辛亥革命之后，革命已经上升到了主导地位，再去讲立宪维新就不合时宜，即使搞了立宪也变腔走调了。

① 马克思、恩格斯：《马克思恩格斯文集》第2卷，人民出版社，2009年版，第498页。

② 马克思、恩格斯：《马克思恩格斯全集》第2卷，人民出版社，1957年版，第38页。

社会思潮的民族性是从空间上考察社会思潮的特征。民族国家是当今世界最重要的政治共同体。为何相同的肤色，可以划分出不同的民族，除了自然环境之外，最重要的是民族文化形成的民族信仰、民族性格、民族心理。因此，不同的民族就会有不同的社会思潮。普列汉诺夫对社会思潮的民族性曾做过具体的说明。他指出："在性质上是同样的，而在发展程度上不一样的各种社会因素，在不同的欧洲国家中异常不同地配合着，这使得每个国家有异常独特的智慧和道德风习的状态，表现于民族文学、哲学、艺术等之中。由于这个原因，同一个问题，可能为法国人所热情地感动，而英国人则淡然置之；同一个论据，可以为德国的先进分子所敬服，而法国的先进分子则异常厌恶它。"[①] 这也说明了，为什么 19 世纪的欧洲，英国发生了社会革命，法国爆发了政治革命，德国却发生了哲学革命。经济发展水平、阶级力量对比、民族性格等多种因素共同促成了欧洲革命的多彩画卷。

2. 社会思潮的生成与演变

（1）社会思潮的生成条件。社会思潮作为一种特殊的意识形态，存在于社会心理与社会意识两个层面，但不管是社会心理成分多一些，还是社会意识成分多一些，二者都起源于社会局势之变革。社会思潮的生成需要两个条件：一个是历史条件；一个是现实条件。

历史条件包括精神生产的专门化和传播媒介的大众化。精神生产的专门化主要指精神生产活动作为一种职业分工，从物质生产活动中分离出来，成为一种独立的社会领域。马克思和恩格斯说："分工只是从物质劳动和精神劳动分离的时候起才真正成为分工。从这时候起意识才能现实地想象：它是和现存实践的意识不同的某种东西；它不用想象某种现实的东西就能现实地想象某种东西。从这时候起，意识才能摆脱世界而去构造'纯粹的'理论、

---

① 普列汉诺夫：《普列汉诺夫哲学著作选集》第 1 卷，生活·读书·新知三联书店，1959 年版，第 732 页。

神学、哲学、道德等。”[1]精神生产的专门化是社会生产力和社会分工高度发展的结果，是脑力劳动与体力劳动分工进一步分化的延续，当一部分从事脑力劳动者脱离了物质生产而专门从事精神生产，比如教育、文学艺术、新闻、出版等，他们只生产精神产品，并以此服务于社会和物质生产时，这为社会思潮的生成准备了必需的物质条件。有了精神生产就有了传播精神产品的手段和方式，但由于受技术条件的限制，一直到近代，随着书籍、报刊、广播、电视等传播手段的迅速发展，传播媒介才进入大众化阶段，这为社会思潮的生成准备了必需的技术条件。

历史条件是社会思潮生成的可能性条件，有了这些条件并不意味着社会思潮就必然诞生，此外，社会思潮的生成还需要一定的现实条件。从客观方面来讲，社会思潮的生成时代一定是社会大转型、大变革、大动荡的时代，社会结构在深刻调整，利益关系在深刻变动，社会阶层在深刻分化，思想观念则处于最活跃、最繁荣时期，各种思潮也就应运而生。每种思潮都在试图回答国家面临的重大问题，都在把握时代的发展脉搏，都在回应民众的利益诉求，国家的出路、民族的前途、救国的方略，构成各种思潮无法回避的时代之问和社会之痛。近代中国遭遇了三千年未有之大变局，也是各种社会思潮风云际会、竞相登场的历史时期。梁启超对此有过详细的论述：“今之恒言，曰‘时代思潮’。此其语最妙于形容。凡文化发展之国，其国民于一时期中，因环境之变迁，与夫心理之感召，不期而思想之进路，同趋于一方向，于是相与呼应汹涌，如潮然。始焉其势甚微，几莫之觉；寖假而涨——涨——涨，而达于满度；过时焉则落，以渐至于衰熄。凡‘思’非皆能成‘潮’；能成‘潮’者，则其‘思’必有相当之价值，而又适合于时代之要求者也。凡‘时代’非皆有思潮；有思潮之时代，必文化昂进之时代也。”[2]社会之

① 马克思、恩格斯：《马克思恩格斯文集》第1卷，人民出版社，2009年版，第534页。

② 梁启超：《清代学术概论》，中华书局，2010年版，第1页。

大变动大变革，带来了文化之大繁荣，催生了思潮之大活跃。从主观层面看，思潮的发生离不开精神领袖的作用。每个时代都有一些划时代的思想家，他们基于对社会规律的深刻了解，凭着敏锐的洞察力和对人类命运的深切关怀，总能比普通人更早地觉察到时代的脉搏，更加细微地体察到社会的变化。因此，他们提出的思想理论更能抓住问题的本质，代表民众的声音，赢得民众的赞同。在同旧观念、旧制度斗争中就会吸引更多的学者加入这一思潮，逐渐形成一支队伍、一场运动、一阵浪潮。仅有思想领袖和学者群体还不行，社会思潮的形成必须有群众的参与。没有群众的参与，一种理论只能称为学术观点，有了群众的广泛参与、传播、宣传、信奉，一种理论才会从书斋中走出来，成为影响巨大而深远的社会思潮。

（2）社会思潮的演变规律。从传播视角看，社会思潮一般是沿着三级层面传播的。第一是社会思潮的核心和源头。这是学者和学术界，他们是思想的生产者和提出者，没有他们就没有社会思潮。第二是知识界，即恩格斯所说的“有教养的阶层”，如各专业的知识分子、大学生等。经过接受、消化、吸收，他们对第一级提供的思想材料进行再创造和精心包装，使其形式发生变化，由深奥变为通俗，更加符合大众的口味，进而满足大众的需求。知识界的任务就是把思想体系的核心观点，放到各种各样的载体上，比如电影、小说、诗歌、绘画、音乐、舞蹈，以及具有可读性的小册子。这是思想大众化的必经阶段和过程。在这个过程中，知识界不单单是传播，他们还会结合社会情况对其进行补充、完善、发展，使之更能反映时代，更容易被民众接受。正是由于第二级的不懈努力，社会思潮才会具有一定的规模和声势。第三是普通群众。普通群众并非纯粹的接受者、盲目的追随者。他们对社会思潮有一定的筛选性。实践证明，只有那些与其原有的价值观念相同或相近的东西，他们才更容易接受，对其他东西则会采取谨慎和拒斥的态度。这表明，一种新思潮，要得到广大民众的认可，须做到以下三点：第一，能够改善群众的生存境况，是为群众利益着想；第二，必须通俗化、具体化、感性化，能够让群众听得懂、看得明白；第三，要把理论的核心思想精练化，使之简洁明了、朗朗上口、容易让人记住。

社会思潮的演变，离不开社会思潮与社会思潮之间的相互作用。一个社会不会只有一种思潮，而是多种思潮并存。思潮与思潮之间必然存在着冲击、碰撞、交流、融合等情况。思潮与思潮之间的碰撞、冲突、冲击，隐藏着刀光剑影，招招击人要害和软肋，力图把对方的弱点、弊端、危害，一一呈现出来，这种相互冲击、碰撞，是一种动力，推动思潮的完善和发展。

3. 社会思潮的分类与影响

（1）社会思潮的分类。当今时代，社会思潮风云涌动，观点学说异彩纷呈，名字称谓五花八门。从社会思潮的理论基础来看，有政治思潮、经济思潮、哲学思潮、文艺思潮、宗教思潮等。

政治思潮就是由某种特定的政治理论、政治观点和政治学说构成的，影响着人们的政治认识、政治情感、政治价值和政治理想。经济思潮往往是以某一经济学说作为理论根据，反映着一定的阶级、阶层或社会集团对现实经济问题的认识、要求和愿望。哲学思潮就是某种哲学思想和理论成为某一阶级或阶层认识和改造外界事物的根本原则方法，那么，这种哲学思想和理论也就成为一种哲学思潮而兴起和发展。文艺思潮往往依据某种文艺思想或创作理论进行艺术创作和宣传，并形成一大批艺术风格相近的艺术作品，塑造出一批精神风貌相似的艺术形象，彰显和宣传这种思想或理论，在社会上产生广泛的思想影响，达到“以文化人”的功能。宗教思潮是以某种宗教观念和宗教理论为思想基础，在一定范围和一定社会成员中形成的、有着较大影响的思想潮流。如基督教社会主义思潮、解放神学思潮、激进的世俗神学思潮、泛伊斯兰主义思潮等就属此类。

此外，按照功能性质划分，有革命、进步的社会思潮，反动、落后的社会思潮。按照观点来划分，有自由主义和保守主义、科学主义与人文主义、自由主义与国家干预主义。按照阶段来划分，又有实用主义和新实用主义，自由主义、现代自由主义和新自由主义，老左派和新左派。按照学术倾向划分，有未来主义、后现代主义、后殖民主义、女权主义、生态主义、民族主义等。

（2）社会思潮的影响。从社会存在与社会意识的辩证关系看，社会思潮作为社会意识的特殊形式，不管是先进的思潮还是落后的思潮，都会对政治、经济、文化产生重大而深远的影响。先进的社会思潮能够凝聚人心，形成共识，推动社会发展进步。而消极、落后、极端的社会思潮，会对社会发展产生不利甚至有害的影响。其表现主要有以下几个方面。

其一，解构政治合法性。治理国家需要一定的理论支撑，理论就是为国家治理提供合法性的依据。封建时代政治治理的合法性是“君权神授”，民主时代的政治治理的合法性是“君权民授”或“人民主权”。封建社会，由于信奉“君权神授”理论，皇权具有至高无上的地位，皇权高度集中，皇帝掌握生杀予夺大权，赏罚系于一人，一般百姓根本没有参与国家管理的机会和权利。因此，封建时期的政治制度大多是专制主义。现代民主政治，认为人民是国家的主人，要让人民参与管理国家，政府要维护人民的利益，保护人民的安全，否则就是非法政府。孙中山先生就认为，“政”就是众人之事，“治”就是管理，管理众人的事便是政治。孙先生是从现代民主政治的高度来理解政治的，他宣扬宪政民主思想，反对封建专制和皇权政治，这在当时是很先进的。辛亥革命后，孙中山虽然辞去了临时大总统职位，但民主共和的思想深入人心，当袁世凯抛弃民主革命成果，妄想称帝时，遭到天下人的反对，很快便众叛亲离，抑郁而死。这正应了孙中山先生的话：“世界潮流浩浩荡荡，顺之者昌，逆之者亡。”对于封建专制思想来讲，革命的民主思潮就是对传统专制政治的批判和超越，对传统政治合法性的有效解构。

其二，影响国家经济政策。政治是经济的集中表现。一切政治斗争都是围绕着国家政权，围绕着经济利益展开的。列宁还形象地说，政治的后台老板是金钱。阶级和集团从事政治斗争的目的，就是通过掌握国家政府，来维护自己阶级和集团的经济利益。社会思潮也是如此，每种社会思潮代表的阶级和阶层不同，利益诉求不同，政治主张、经济主张当然也不同。社会思潮往往通过扩大社会影响力去影响国家大政方针，主要是经济政策，让经济发展按照自己的思路走，这样他们可以攫取更大经济利益。新自由主义思潮在经济上拼命地宣传市场化、私有化主张，因为他们是有产阶级或垄断集团利益的代表，私有化更符合经济精英的利益。新自由主义者也一直在努力地著书立说，希望中国市场化改革最终走上私有化道路。

其三，消解文化育人功能。社会思潮不仅具有理论形态，它还会影响文学艺术创造观念，消解文化育人功能。文艺作为一种意识形态形式，通过塑造具体、生动的艺术形象去表现人们对社会生活的理解，并用美的感染力去影响人们的思想感情和社会生活。由于文艺的特殊艺术表现形式，它在传播速度、社会受众范围、持续影响时间上，比其他社会意识形态具有无可比拟的优越性。文艺的育人功能离不开优秀作品，优秀作品是思想性、艺术性、观赏性完美融合的作品，是能够深入人的精神世界，触及人的灵魂，引起人的情感共鸣的作品。受错误思潮的影响，我们的文艺创作在思想性上出现了问题，有些作品调侃崇高、扭曲经典、颠覆历史、丑化人民群众和英雄人物，犯了历史虚无主义的错误；有的是非不分、善恶不辨、以丑为美，或者过度渲染社会阴暗面，对美好的事物不去歌颂，对好的事迹不去赞扬，这是在价值观上犯了根本错误；还有一些作家为了“卖点”，搜奇猎艳，一味媚俗，趣味低级，把文艺作品“当作追逐利益的‘摇钱树’，当作感官刺激的‘摇头丸’”，这样的作品其实是精神毒品、文化垃圾，玷污社会，毒害心灵。习近平总书记明确指出：“低俗不是通俗，欲望不代表希望，单纯感官娱乐不等于精神快乐。”这是文艺工作者应当坚守的道德底线。文能化人，首推文艺。文艺是时代进步的号角，代表时代风貌，引领时代风气，发出时代强音，开启人们的心灵。“没有先进文化的积极引领，没有人民精神世界的极大丰富，没有民族精神力量的不断增强，一个国家、一个民族不可能屹立于世界民族之林。”

二、社会思潮研究的理论认知

每一种社会思潮都折射出复杂的现实社会，多样的思想观念，不断变动的利益关系的真实镜像。要想知晓每种社会思潮的性质、归属、价值、影响，必须扎根于社会现实，采用科学的原则方法，触摸其核心和本质，客观地评价其价值与局限。

1. 社会思潮研究的重要意义

社会思潮是人类特有的一种精神活动，研究社会思潮的本质、演变，可以深入地理解人类精神活动的特点及其传播机制，以利于人类更好地利用、引导、规制社会思潮，提高借鉴价值。

第一，研究社会思潮是探寻人类精神活动历史轨迹和发展规律的需要。法国哲人说，人是能思想的芦苇。人区别于动物的一个重要的标志就是人有思想，人能够进行精神活动，创造出丰富多彩的精神产品，不仅丰富人的精神世界，使人有崇高感，而且还以人的思考，明确人在世界中的位置以及人与自然、人与社会、人与人的关系，确立人之为人应当遵循的伦理规范和价值原则。人走上社会的过程，就是人不断文明化的过程，就是人类创造的精神作品熏陶、涵养、陶冶人的心智、性情，促使人不断完成人之为人的生成过程。人类不断生成的过程，又是一个不断在精神上进行自我发现、自我解放、自我超越的过程，这一人的发现之旅，就是文化的发展之旅、繁荣之旅、转换之旅。而不同时段的社会思潮，无疑就是人类精神成长史中最重要的阶段，它是人类精神发育的重要节点，孕育出异彩纷呈的精神作品，标志着人类精神成长的高度。人类“轴心时代”，地球上几大文明中心相继出现文化的繁荣，这是最早的社会思潮大绽放的时代，它奠定了后继文化的基本底色和主要元素。研究轴心时代人类早期社会思潮，就是一种人类文化或精神的溯源工程；研究后来各时代的社会思潮，就会弄明白人类精神是如何从源头几经周折延续至今的。哪些思想观念得以流传，哪些观念被人遗忘，哪些观念得到发展，一脉相承的核心观念是什么，绵延不绝的秘密是什么，赓续演进的规律是什么，这些都需要我们好好研究和总结。瞿秋白在《〈新青年〉之新宣言》一文中指出："社会科学本是要确定社会意识，兴奋社会感情，以助受压迫被剥削的平民实际运动之进行。所以对于一般的思想及情绪的流动，都不得不加以正确的分析及映照。"[①] 社会思潮不仅标示出人类精神的发展轨迹，而且蕴含着思潮兴起、衰败、消退的秘密，所以，研究社会思潮从大的方面讲，是让我们知道"我是谁""我从哪里来""我向何处去"，从小的方面讲，是让我们知道社会思潮生成的机缘、土壤和条件。

第二，研究社会思潮是加速实现现代化和中华民族伟大复兴的需要。实现现代化和中华民族伟大复兴的中国梦，是近代以来中华儿女的共同梦想，是中国共产党领导中国人民肩负的历史使命。中华民族伟大复兴的中国梦代表着我们民族、我们国家对未来的美好愿景，这个梦激荡着全体中国人民的满腔热血，让全国人民心往一处想，劲儿往一处使。要实现民族的伟大复兴，一是"必须弘扬中国精神。这就是以爱国主义为核心的民族精神，以改革创新为核心的时代精神。这种精神是凝心聚力的兴国之魂、强国之魄"。二是必须凝聚中国力量。"这就是中国各族人民大团结的力量。……只要我们紧密团结，万众一心，为实现共同梦想而奋斗，实现梦想的力量就无比强大，我们每个人为实现自己梦想的努力就拥有广阔的空间。……全国各族人民一定要牢记使命，心往一处想，劲儿往一处使，用13亿人的智慧和力量汇集起不可战胜的磅礴力量。"然而，改革开放以来，随着中国大门的打开，各种消极、落后甚至极端的社会思潮趁势蜂拥而至，这些社会思潮在不同历史时期给中国的改革开放和社会经济发展都带来了不小的影响，他们在不同程度上消解着社会主义的共同理想，动摇马克思主义的主导地位，干扰民族伟大复兴的中国梦。为了弘扬中国精神、凝聚中国力量，实现中华民族的伟大

① 瞿秋白：《瞿秋白选集》，人民出版社，1985年版，第5页。

复兴，必须妥善应对思想领域乱云飞渡的状况，把各种社会思潮对社会发展的不利影响降低到最低限度。

第三，研究社会思潮是打赢意识形态领域没有硝烟的战争的需要。毛泽东同志曾明确指出："凡是要推翻一个政权，总要先造成舆论，总要先做意识形态方面的工作。革命的阶级是这样，反革命的阶级也是这样。"[①]意识形态的性质决定了只要国家和阶级存在，意识形态领域的思想斗争就不会停止。西方敌对势力早就针对中国社会制定了"西化""分化"中国的和平演变战略。近年来，在北非、中东一些国家发生了"颜色革命"，更是敲响了意识形态工作的警钟。任何政权任何时候如果忽视意识形态建设，必将在没有硝烟的战场上犯下无法挽回的历史性错误。历史证明，任何真正的社会革命都是意识形态革命。一个国家、一个政权的瓦解往往是从思想领域开始的，政治动荡、政权更迭可能在一夜之间发生，但思想演化是个长期过程。"思想防线被攻破了，其他防线就很难守住。"进入新世纪，我国思想领域各种社会思潮粉墨登场，诸如普世价值论思潮、历史虚无主义思潮、民主社会主义思潮、新自由主义思潮、左派思潮、民族主义思潮等，相互之间交锋、交流、交融加剧，一时搞得人眼花缭乱，心神不宁，不知何去何从。这些社会思潮在本质上，都是"企图修正、重释、解构甚至于颠覆主流的马克思主义，抢夺话语权，获得指导中国社会改革的话语权力"[②]。这些社会思潮，站在各自的立场之上，运用各自的话语体系，重释当代中国社会性质，宣扬与主流意识形态不同的社会发展理想，造成思想领域的极大混乱：混淆了是非判断，模糊了原则立场，否定了社会主义核心价值观。如果放任自流、任其蔓延，不予以深刻彻底的批驳，不采取果断措施予以坚决有效的压制，将会带

① 毛泽东：《建国以来毛泽东文稿》第10册，中央文献出版社，1996年版，第194页。

② 刘同舫：《在应对当代各种社会思潮的挑战中发挥马克思主义的威力》，《马克思主义研究》2010年第3期。

来更大的思想危害，甚至带来社会的动乱。而这正是西方敌对势力长久以来和平演变所要达到的战略意图。

2. 社会思潮研究的指导原则

社会思潮是现代社会中普遍存在的一种复杂精神现象，是现代人精神生活的有机组成部分，不管喜欢与憎恨，认同与否定，它们都将存在于社会之中，精神之域，我们既不能视而不见，更不能一概否之。而是要抱着科学的研究态度，坚持历史与逻辑相统一，理性包容与科学批判相结合，政治性与学术性相统一的原则。

（1）历史与逻辑相统一的原则。辩证思维中的历史范畴，一是指客观实在自身的历史，二是指反映客观实在的认识的历史。逻辑则指用概念、范畴、理论等形式概括反映对象的本质和发展规律。逻辑与历史的统一表现在“历史从哪里开始，思想进程也应该从哪里开始，而思想进程的进一步发展不过是历史过程在抽象的、理论上前后一贯的形式上的反映”[①]，即历史的东西是逻辑的东西的基础，逻辑的东西则是历史的东西在思维中的再现，因此，逻辑的进程和历史的进程具有内在统一性。同时，历史与逻辑的统一又包含着差异和对立。历史的东西总是包含有偶然性的因素、次要因素以及迂回曲折的细节，具体而生动。逻辑的东西则是修正过的历史的东西。通过对历史事实的加工改造，抛弃历史细节、抓住主流，抛弃偶然性、抓住必然性，抛弃偏差、抓住基本方向和基本线索，把握住历史发展的内在规律，因此，逻辑的东西更能深刻地反映历史。研究社会思潮必须运用历史与逻辑相统一的原则，既要研究社会思潮的发展史，又要研究社会思潮的认识史，还要研究社会思潮的逻辑史。研究历史是为了把握思潮的来龙去脉，枝枝蔓蔓，尽可能掌握思潮的各种细节；研究逻辑是为了归纳提炼思潮中的概念、范畴、思想，把握思潮的本质、核心、结构、逻辑等。这也是一个从具体到抽象、

① 马克思、恩格斯:《马克思恩格斯文集》第2卷，人民出版社，2009年版，第603页。

从抽象到具体的理性思辨过程。马克思指出，在一定限度内，“从最简单上升到复杂这个抽象思维的进程符合现实的历史进程”[①]。

（2）理性包容与科学批判相结合的原则。毛泽东同志1956年提出“百花齐放，百家争鸣”的双百方针，主张在艺术上要提倡“百花齐放”，在学术上要提倡“百家争鸣”，而且这是一个要长期坚持的基本方针。学术问题上的百家争鸣其实就包含着理性包容的思想。对待社会思潮首先也应该采用理性包容的原则。所谓理性包容，一是理性，二是包容，把两者放在一起，就是强调包容是以理性为基础的，没有理性的分析、谨慎的甄别，就讲包容，是盲目的，没有立场原则的。理性还包括另一层含义，社会思潮是社会矛盾的理论反映与政治表达，是社会利益主体多样化的一种理论表征，多元化的现代社会，导致了思想领域的多样、多元、多变，我们很难采取强制的措施要求整个思想领域只有一个声音。社会存在决定社会意识。社会思潮的存在有其现实、客观的社会依据。对于多数社会思潮，我们应当给予其存在的空间，允许一部分人通过思潮的途径，理性表达自己的诉求和愿景。社会思潮是我们观察社会问题的一个窗口，透过这个窗口，我们可以看到社会民众的多样化诉求，体察社会群体的心理变化，这对于精准施策，推进社会治理现代化，将产生重要意义。如果我们对大多数社会思潮采取野蛮、粗暴、懒汉的做法，一禁了之，就会关闭观察民情、民意、民心的通道。习近平总书记曾引用一句古语：“知屋漏者在宇下，知政失者在草野。”研究社会思潮，研究者要做到“四个自信”，不能谈“思”色变，不分青红皂白，一律口诛笔伐。过激的反应，容易走上极端，失去理性，压制正当的说话权利。当然，也不可放任自流，任其自生自灭，对于那些社会危害性极大的错误思潮，我们也要敢于“亮剑”，进行严厉、科学的批判。科学批判不是否定一切，而是运用规范研究和实证分析的方法，揭露思潮的思想本质、政治主张、现实

---

① 马克思、恩格斯:《马克思恩格斯选集》第2卷，人民出版社，1972年版，第105页。

危害、违法行为，摘掉笼罩在思潮身上的神秘面纱，让大众看清思潮的真实本性和虚伪本质。科学批判原则，重在科学说理，说理透彻、深入，就能让人信服，批判才能抓住要害，有力度，有深度。马克思说："理论只要说服人，就能掌握群众；而理论只要彻底，就能说服人……所谓彻底，就是抓住事物的根本。"①

（3）政治性与学术性相统一的原则。社会思潮作为特殊的社会精神活动，是政治性与学术性的统一。没有一定的学术观点、理论的有力支撑，一种观念很难成为一种社会思潮；没有明确的政治取向和价值诉求，一种观念也难以赢得部分群体的响应，发展为社会思潮。社会思潮的政治性与学术性交织在一起，难分难解。没有政治性，没有学术性，就没有社会思潮。这要求我们在研究社会思潮时，既要用政治眼光，也要用学术眼光；既要有政治标准，也要有学术标准；不能把政治问题学术化，也不能把学术问题政治化。习近平总书记就指出，做意识形态工作，要善于区分学术问题和政治问题。

虽然任何一种社会思潮都有政治性与学术性问题，但是研究时又不能对此等量齐观，需要区别对待，该注意学术性时，要把学术性放在重心，该注意政治性时，要把政治性放在重心。如何把握其中的"度"，或许可以从社会思潮的发展阶段上进行区分。社会思潮有其特定的生成发展的演变规律。梁启超曾把它概括为起始、发展、兴盛、衰败四个阶段。一般来说，社会思潮在初期主要是以学术思想的形态存在的，其理论体系性、完备性还不成熟，其影响的广度、深度都非常有限。对于此类思潮，我们应该把其归于学术性的范畴。而对于发展到第三阶段的社会思潮，其政治性则表现得更加明显，我们的研究就不能仅仅局限于学术层面，应当更加关注其政治上的主张。

3. 社会思潮研究的基本方法

方法恰如渡河的工具，从来不是只有一种，可以选择坐船过河，从桥上

① 马克思、恩格斯：《马克思恩格斯选集》第1卷，人民出版社，1972年版，第9页。

过河，溜索过河，还可以蹚水、游泳过河。同理，研究社会思潮这一重要的精神现象，也需要运用多种方法进行综合研究，才可以看到本质，得出科学的结论。

第一，研究社会思潮最根本的方法是历史唯物主义的方法。历史唯物主义，第一次科学地揭示了人类社会发展的基本规律，阐述了物质生产与精神生产的基本关系，为我们正确地认识人类的精神活动以及社会思潮，提供了一种科学的思维方法。在《德意志意识形态》中，马克思恩格斯指出："不是意识决定生活，而是生活决定意识。前一种考察方法从意识出发，把意识看作是有生命的个人。后一种符合现实生活的考察方法，则从现实的、有生命的个人本身出发，把意识仅仅看作是他们的意识。"[①]这两种方法，前者是唯心主义的方法，它离开现实的人的活动来看待意识，把意识独立化、神秘化、唯心化。没有物质基础支撑的思想、意识，必然陷入神秘主义的泥潭。后者是历史唯物主义的方法，它从现实的人的活动来看待意识，找到了意识的根源性、依赖性、变动性。那就是，社会存在决定社会意识。"意识在任何时候都只能是被意识到了的存在,而人们的存在就是他们的现实生活过程。如果在全部意识形态中，人们和他们的关系就像在照相机中一样是倒立成像的，那么这种现象也是从人们生活的历史过程中产生的，正如物体在视网膜上的倒影，是直接从人们生活的生理过程中产生的一样。"[②]坚持历史唯物主义的方法，可以避免研究社会思潮时，在根本方向上的错误，即以唯心主义的方法研究社会思潮，得出荒谬的结论。

第二，研究社会思潮重要的方法是辩证归因法。历史唯物主义认为，社会存在决定社会意识，社会意识对社会存在还具有相对独立性。历史唯物主义的这一观点，要求我们在研究社会思潮的产生、发展、消退的原因时，不

① 马克思、恩格斯:《马克思恩格斯选集》第1卷，人民出版社，1995年版，第73页。

② 马克思、恩格斯:《马克思恩格斯选集》第1卷，人民出版社，1995年版，第72页。

单从物质条件进行探析，还要从政治条件、文化条件等方面去进行深入探析。如从社会经济条件、政治条件与社会主要矛盾的转变上，时代发展的趋势上，去分析社会思潮的产生与流变；从社会阶级的构成与地位上分析社会思潮的阶级性质与利益表征以及未来的可能命运；从社会心理的角度，分析社会思潮与大众心理的契合与疏离，预测社会思潮的社会影响和可能走向；从中外文化的交流上，去分析社会思潮的国际影响以及思潮之间的交锋、冲突的状况。辩证归因法，也可以称为社会归因法，它依据社会关系的复杂性，强调要从社会多种因素及其相互作用出发，探寻社会思潮生成的原因、演进的动力、衰落的规律。如果我们只从一个方面或有限的几个方面入手，而且把这一个方面或几个方面的因素，夸大为决定社会思潮的唯一或全部的因素，同样会滑入唯心主义认识论的泥潭。正如列宁在《谈谈辩证法问题》一文中所说，人的认识是一条螺旋形曲线，这一曲线的任何一段都可能被片面地夸大为独立于这一曲线的完整的直线。唯心主义和宗教就是“把认识的某一特征、方面、部分片面地、夸大地、无限度地……发展（膨胀、扩大）为脱离了物质、脱离了自然的、神化了的绝对”。“直线性和片面性，死板和僵化，主观主义和主观盲目性就是唯心主义的认识论根源。”研究社会思潮，为了得到全面、客观、真实的认知，必须坚持辩证法的全面观点而不是形而上学的片面性观点。

第三，研究社会思潮还需要采用实证分析法。社会科学研究一般有两种方法：一是规范研究法，二是实证分析法。规范研究法主要是从学理层面对研究对象的本质、属性、价值、功能、规律、机理、对策等方面进行合理的逻辑推理与归纳断定，它的目的在于从宏观上对事物的性质（好与坏）进行判断，并据此价值标准推导出它“应当是什么”以及“应当怎么样”的结论，规范研究涉及伦理标准和价值判断问题。实证分析法就是按照事物的本来面目来描述事物，说明研究现象“是什么”或者究竟是什么样的。它的主要特点，是通过对客观存在物的验证（即所谓“实证”）来概括和说明已有的结论是否正确。它的主要作用或者说重点，是“说”清楚事物的来龙去脉、事物的内在逻辑和各种变量之间的客观关系，进而做出事物究竟是什么或者是什么样的结论。就社会思潮而言，大多数的研究都局限于规范性研究，这有助于我们认清各种社会思潮的本质特征，但要真实地评估某种社会思潮的影响程度、发展速度、群体比例、价值共识等问题，注重宏观的规范性研究就无能为力了，即使做出判断，也带有很大的猜测性，其结论的正确性就值得怀疑。在规范研究的基础上，如果再采用实证分析法，通过对典型事件的分析、问卷调查、专门访谈等，收集到大量的第一手资料，整理分析数据、制作图标曲线、建构演变模型，就会非常直观、具体、详细地展示出一种社会思潮的真实“面相”，为我们科学决策、制定对策提供真实的数据支撑。比如，人民论坛多年来一直追踪调查我国社会思潮基本状况，每年都会开展多轮次公众问卷调查，综合筛选出当年国内受关注程度较高、现实影响深刻的社会思潮。下表是人民论坛 2010 —2016 年社会思潮评选结果。

2010 —2016年社会思潮评选结果

排序	2010年	2011年	2012年	2013年	2014年	2015年	2016年
1	新自由主义	普世价值论	民族主义	新自由主义	新自由主义	民族主义	民粹主义
2	民族主义	新自由主义	创新马克思主义	历史虚无主义	民族主义	历史虚无主义	新权威主义
3	社会民主主义	创新马克思主义	新自由主义	民族主义	新左派	新自由主义	民族主义
4	文化保守主义	道德相对主义	拜物主义	创新马克思主义	民粹主义	民粹主义	极端主义
5	道德相对主义	社会民主主义	普世价值论	普世价值论	普世价值论	新左派	新自由主义
6	新左派	文化保守主义	极端主义	宪政思潮	生态主义	普世价值论	虚无主义
7	历史虚无主义	新国家干预主义	新儒家	民粹主义	历史虚无主义	新儒家	新左派思潮
8	功利主义	民族主义	民粹主义	新左派	极端主义	生态主义	功利主义
9	大国心态	民粹主义	道德相对主义	新儒家	新儒家	极端主义	消费主义
10	伪科学	公平正义	社会民主主义	伪科学	宪政思潮	道德相对主义	生态主义

2017 年筛选出的 10 个社会思潮是：民粹主义、民族主义、生态主义、消费主义、泛娱乐主义、激进左派、文化保守主义、历史虚无主义、新自由主义、普世价值论。

人民论坛列出的 2010 年至 2017 年社会思潮的影响力排序，正是通过实证的社会调研得来的，这一结论应当是真实可信的。但是对于研究者来说，这样的信息还远远不够，具体到每种社会思潮的影响范围、影响深度、生成因素、发展趋势，还需要借用实证分析的方法获取可靠的详细证据。

第二章

普世价值思潮评析

进入21世纪特别是2008年汶川大地震以来，普世价值思潮逐渐成为思想舆论界热议的一个焦点话题。支持方与反对方围绕普世价值问题进行了激烈的争论，观点众多，莫衷一是。争论的焦点主要是：是否存在普世价值？如果存在，那么普世价值是什么？普世价值是抽象的还是具体的？普世价值是否为一国所独享？是否应该把自己国家的价值观强加于其他国家？普世价值的本质是什么？等等。这场争论本是哲学层面的学术争鸣，但随着西方势力和国内一部分人的推波助澜，别有用心，企图用西方的价值标准来衡量我国的价值观并有取而代之之意，进而逐渐演变成一场在意识形态领域发生的激烈交锋和较量。面对西方和国内一些人咄咄逼人的态势，我们必须拿起马克思主义这个理论武器，坚定社会主义核心价值观，深入剖析普世价值的兴起过程、基本实质，揭开普世价值的本质，帮助广大党员干部和人民群众矫正对普世价值的模糊甚至错误认识，从而凝聚社会发展共识，推动中国特色社会主义事业不断前进。

一、普世价值思潮的发展演变

要对普世价值思潮进行科学的辨析，首要的问题是弄清楚普世价值思潮的发展演变，也就是普世价值思潮是如何产生，如何发展的。在我国是如何传播的。

在西方文化传统中，宗教居于重要地位，而基督教在西方社会影响甚广，在早期传播过程中就蕴含着“普世”的观念，这种观念主要体现在基督徒崇信的那些由上帝制定的自然法则和自然规律。这种规则具有普世性、永恒性，体现了上帝的意志。这种“普世”的观念是以认同接受基督教的教义和规则为核心要义的，并且随着基督教在西方社会的发展，“普世”的观念更加深入教徒之心，日益成为基督教传播扩张的重要工具，它在维护教会核心地位、对抗世俗权威、讨伐异端力量、对外武力扩张等方面起着重要的作用。然而，随着社会的不断进步，中世纪以后，新教改革和启蒙运动等思想领域的一系列重大历史事件挑战了基督教的垄断主导地位，但“普世”的观念并没有被抛弃，而是逐渐被新的理论体系所继承，这就是以“理性”为核心的新的世界观，这是众多思想家矢志不渝探寻的一种普遍规则或普遍规律。伴随西方资产阶级革命的兴起，特别是工业革命的推进，这种以理性为核心的观念通过殖民战争等方式向世界其他地域传播，由此生成了“西方中心论”。该理论认为，西方的文明是世界上最先进的文明，是世界文明的中心，具有普世性，非西方的国家和地区早晚都要向西方文明靠近，被西方文明接纳同化。由此一些西方人士认为，西方国家对亚非拉美进行的殖民侵略是对这些“落后”地区的帮助，是“先进”文明帮助“落后”文明。其实，世界文明本来就具有多样性，彼此应是平等的，都为人类文明做出了重要贡献。西方文明的普世性适用于西方社会的场域中，对世界其他国家和民族不一定适用。

如果说宗教提倡的平等、博爱等普世价值还只是抽象的，无须检验，只要信仰和践行，那么现代意义上的以民主、自由、平等、人权等为主要内容的普世价值则具有世俗性，它将抽象的普世价值转向了世俗世界的价值观普世化。其起源于启蒙运动，尤其是与新兴的资产阶级联系紧密。作为一种新兴的政治力量，资产阶级为了反对封建地主和教会统治，迫切需要用理论的武器来宣扬本阶级的主张。他们主张法治，用“在法律面前人人平等”来反对封建贵族的等级特权；强调自由，用信仰自由对抗宗教压迫，用政治自由对抗专制暴政；注重人的价值，用“天赋人权”来反对“君权神授”，用自然神论和无神论来摧毁天主教权威和宗教偶像。这样，资产阶级用先进的思想打击了封建地主和教会，并最终建立资产阶级政权。但是，资产阶级取得政权以后，并没有像其刚开始倡导的那样，真正地去实现自由、民主、平等、人权等价值主张，而是为了维护自身的阶级利益，不断强化本阶级的统治力量，把自己特殊的阶级利益说成普遍的人类利益。如英国思想家洛克主张宪政民主政治，提倡人的“自然权利”，强调捍卫人的生命、自由和财产权，其实质是为了资产阶级利益。法国思想家卢梭倡导民主制度，特别是直接民主制，但对英国的民主制度即议会制却进行猛烈抨击。法国1789年发生的资产阶级革命，革命者就宣称资产阶级的解放就是全人类的解放，本阶级的胜利就是普遍理性的胜利。由此可见，西方资产阶级极力倡导的自由、民主、平等、人权等所谓的普世价值，都是为了资产阶级自身利益服务的，具有极强的虚伪性和欺骗性。正如马克思对资产阶级平等的批判所指出的那样："平等原则又由于被限制为仅仅在'法律上的平等'而一笔勾销了，法律上的平等就是在富人和穷人不平等的前提下的平等，即限制在目前主要的不平等的范围内的平等，简括地说，就是简直把不平等叫作平等。"[①]

当人类社会进入20世纪特别是十月革命以来，人类历史上第一个无产阶级专政的国家成立了，自此社会主义与资本主义两种制度长期并存。第二次世界大战之后，世界上形成了社会主义与资本主义两大阵营的对立，西方资产阶级掌权派视世界上的红色政权为眼中钉、肉中刺，提出了和平演变社会主义国家的战略，采取了一系列和平演变举措。在这种大背景下，普世价值就成了西方资本主义国家实施和平演变的思想武器，具有明显的政治导向和政治目的。1946年，英国前首相丘吉尔发表了著名的"铁幕演说"，正式拉开了冷战的序幕，意识形态斗争进入新的历史阶段。1953年，时任美国国务卿的杜勒斯提出了和平演变的"十条诫令"，把和平演变寄托在中国第三代、第四代领导人身上，特别是提出了许多消解青年人意志的隐性方法。然而，在这种战略的影响下，社会主义阵营出现了"苏东剧变"，苏联、东欧社会主义国家纷纷瓦解，自此社会主义阵营不复存在。于是，西方有学者趁机提出了"历史终结论"，认为历史的发展只有一条路，即西方的市场经

① 马克思、恩格斯：《马克思恩格斯全集》第2卷，人民出版社，1995版，第647~648页。

济和民主政治。在他们看来，人类社会的发展史，就是一部“以自由民主制度为方向的人类普遍史”。自由民主制度是“人类意识形态发展的终点”和“人类最后一种统治形式”。此后，以美国为首的西方发达国家凭借自身雄厚的经济实力，借助先进的科技手段，用西方的价值观、意识形态和生活方式，来审视其他国家的情况，把自己奉行的自由、民主、平等、人权等价值理念作为普世价值在世界范围内进行推广，潜移默化中侵蚀和影响着社会主义国家的民众尤其是青少年。

近些年来，伴随着中国特色社会主义的深入发展，普世价值思潮虽然在国内仍然有一些人极力倡导，但不可改变的事实是：我国在党的坚强领导下，特别是党的十八大以来，以习近平同志为核心的党中央，高瞻远瞩，坚定信念，以一往无前的进取精神团结带领全国人民在中国特色社会主义道路这条康庄大道上阔步前进，取得了改革开放和社会主义现代化建设的历史性成就。在此过程中，我们根据自身发展的实际，提出了社会主义核心价值体系，培育和践行以“三个倡导”为主要内容的社会主义核心价值观，并通过多种途径在国际范围内传播，开展价值观对话，让西方更全面、真实、客观地了解我国的价值观。再加上西方社会自身内部矛盾重重，其所主张的民主、自由、平等、人权等普世价值在现实面前屡屡受挫。美国引以为豪的民主成了“钱主”，成了富人的游戏；自由成了众人的笑话，“斯诺登事件”彻底揭穿了自由的真面目；“占领华尔街运动”是对美国公正的最大嘲讽。进入新世纪，以美国为首的西方国家发动的一系列战争，不仅干涉了他国的内政，而且破坏了世界的和平，其最终的结果不但没有给这些国家带去自由、民主、平等、人权等美丽的价值理念，反而使这些国家长期陷入混乱、动荡之中，人民连最基本的生存权利都无法保证。由此可见，西方国家宣扬的自由、民主、平等、人权等所谓美丽的普世价值，在现实面前露出了真面目，逐渐走向式微，显示出越来越多的无法解释的困境。

普世价值思潮在我国的传播扩散，既与我国社会处于转型时期，思想观念多元多样有关，也与国内有些人对西方意识形态顶礼膜拜的推崇有关，更与西方国家长期的渗透有关。虽然说普世价值在我国大范围传播是进入21世纪特别是2008年汶川大地震以后，但其实早在20世纪80年代我国思想界就有这种思想倾向。当时，东欧剧变标志着社会主义走向低潮，美国学者福山提出历史走向终结，强调自由民主制度是人类意识形态发展的终点。这一观点当时在国内流行甚广，影响很大。后来，在全球化特别是经济全球化的背景下，一些宗教组织针对全球化出现的伦理问题进行反思，提出并发动了"走向全球伦理"的运动。1989年，德国神学家孔汉思在联合国教科文组织的会议上强调了宗教间的和平对民族和平的重要性。1991年，美国天普大学宗教系主任斯威德勒教授倡导起草全球伦理宣言。1993年，世界宗教会议通过了《走向全球伦理宣言》并对全球伦理做了界定。1997年和1998年，中国学者就全球伦理问题两次相聚北京，紧紧围绕是否存在全球伦理，能否促成全球伦理及其促成意义，如何促成全球伦理等问题进行了深入激烈的探讨。1999年，针对五四运动，新儒学学者和自由主义学者进行了一场专门的对话，他们认为自由、民主、平等、人权、宪政等都属于人类社会的"普世价值"。后来普世价值问题在国内一些学者间进行小范围的讨论。进入新世纪尤其是2005年后，境内外敌对势力拿起"普世价值"这一理论武器，攻击党的领导和我国的社会主义民主制度，一批学者和有识之士站出来予以反击，关于普世价值的争论由此展开。2007年，某报接连发表了《什么是普世价值》等一系列文章，特别是2008年汶川大地震后，该报发表一篇署名本报编辑部的文章《汶川震痛，痛出一个新中国》，指出我国政府的救援行动"向自己的人民，向全世界兑现自己对于普世价值的承诺"。该文发表后，在国内引起了关于普世价值的大论战，《人民日报》《光明日报》《学习时报》《求是》《马克思主义研究》《政治学研究》等重要报纸期刊纷纷发表相关文章，全面批判所谓的"普世价值"。之后，国内外一些人士借助各种手段不断扩散传播"普世价值"，并形成一股强大的社会思潮，在重要的时间节点，时隐时现，不断迷惑人们的思想，干扰党和国家事业的发展。

二、普世价值思潮的基本内容

普世价值是由“普世”和“价值”两个词组成的，表面意思是指普世性的价值，也就是超宗教、超族群、超国家、超阶级、超时空的，无论哪个时代、哪个社会、哪个群体、哪个个人都认同的价值观念。但从其历史发展演变来看，普世价值最先是指宗教上的普世主义，后来多为神学家倡导的普世伦理，而今特指西方社会具有的强势话语即西方引以为豪的政治理念和制度模式。实际上就是以美国为首的西方资本主义价值观，是这些国家极力弘扬的并要求其他国家接受的意识形态，其基本内容主要是自由、民主、平等、人权等。

1. 自由

自由是人类社会孜孜以求的价值目标，是一个历久弥新的话题。但不同的人对自由的理解有很大的差异，有的人对它进行热情的讴歌，有的人对它进行激烈的抨击。无论哪一种态度，无不折射出人对自由的深沉思考。作为普世价值中的自由，具有特定的指向，主要是指西方资本主义国家的自由，本质上是少数人的自由，是受资本控制的自由，遮蔽了人的主体性，而不具有普遍性。西方国家常常举着自由的大旗，对世界上其他国家和地区的发展进行野蛮干涉，妄图把这些国家和地区纳入自己的体系之中并从中获取物质和精神等多方面的利益。

在西方话语体系中，自由这一重要的政治概念，可以追溯到古希腊时期。雅典作为当时一个著名的城邦，其民主政治制度相较于以前的社会，具有开创性地位。在雅典城邦实行的政治结构中，公民具有独立自主的权利，可以自由地发表自己的观点，可以自由地参与城邦管理。正如雅典著名的政治家伯克利在阵亡将士国葬典礼中所说：“任何人，只要他能够为国家有所贡献，绝对不会因为贫穷而在政治上湮没无闻。正因为我们的政治生活是自由而公开的，我们彼此间的日常生活也是这样的。当我们隔壁邻人为所欲为的时候，我们不至于因此而生气，我们也不会因此而给他以颜色，以伤害他的情感，尽管这种颜色对他没有实际的损害。在我们私人生活中，我们是自由的和宽恕的；但是在公家的事务中，我们遵守法律。这是因为这种法律深使我们心悦诚服。”[①] 这些话语不仅表明了雅典公民的自由度，而且表明了公民对法律的认同和遵从。不可否认，雅典城邦的公民自由，在人类历史上具有里程碑的意义，但是，其缺陷也是明显的。雅典城邦的自由主要是政治的自由，是集体的自由，是少数人的自由，受奴隶制的根本制约。法国的政治学学者贡斯当认为，自由有古代人的自由和现代人的自由，古代人的自由在于以集体的方式直接行使完整主权的若干部分，但个体作为集体组织的臣民，其可能被自己所属的整体的专断意志抛弃乃至被处死。[②] 众所周知，在古希腊时期，人分为奴隶、女性、自由的外邦人和自由的本邦人。而真正拥有自由的只是自由的本邦人，数量仅占 1/10 左右，占人口大多数的奴隶，被当作“会说话的工具”，是没有自由可言的。并且，对于当时的女性而言，也是没有自由的，她们的活动不被纳入公共领域，生育和家务劳动是她们的职责。

当历史往前发展，资产阶级登上了历史的舞台并起着巨大的革命作用。在工业革命的巨大推动下，资产阶级“在它的不到一百年的阶级统治中所创造的生产力，比过去一切时代创造的全部生产力还要多，还要大”。伴随生产力的发展，新兴的资产阶级亟须冲破当时封建王权和宗教神权的种种限制，于是他们提出了自由等鲜明的口号，进行了经济、政治等方面的一系列世俗

① ［古希腊］修昔底德:《伯罗奔尼撒战争史》上，商务印书馆，1960 年版，第 147 页。

② ［法］邦亚曼·贡斯当：《古代人的自由与现代人的自由》，上海人民出版社，2003 年版，第 47~48 页。

化运动。当时自然法学理论的创始人之一格秀斯明确地提出了“人性是自然之母”的论断。在自然权利理论那里，自然状态下的人是自由平等的，其自由权不能让与、不可剥夺，是神圣不可侵犯的，任何外在的力量都不得干预。1776 年美国的《独立宣言》、1789 年法国的《人权和公民权宣言》都鲜明体现了这一思想。

当代资本主义国家所提倡的自由虽然和其传统有着很大的不同，但本质上是没有改变的。他们的自由仍然是资产阶级进行统治的手段，是资本主义私有制的思想表现，是少数人特别是那些拥有私有财产的人的自由，本质上是资本的自由。在资本主义社会，财产权是一切权利的基础，没有这个权利，其他权利无从谈起，也很难实施。财产权不平等，一切权利都是空中楼阁。美国是当今世界上最发达的资本主义国家，是世界第一大经济体，法律规定人人都可以竞选总统，但实际上却行不通。因为竞选总统的花费是非常高的。1860 年林肯竞选总统的花费大概是 10 万美元，而到了 1980 年，就上升到了 10 亿美元，2008 年高达 24 亿美元，2012 年更是达到了惊人的 60 亿美元。显然，这不是一般人所能完成的，凸显了美国自由的真实面目。

2. 民主

民主是普世价值的一个重要内容，也是西方国家极力向世界推行的核心主张。从词源上看，民主是由希腊文的人民和统治或权威共同构成的，其初始意义是人民的统治。西方民主的源头可以追溯到古希腊的雅典城邦民主和古罗马的共和国民主。中世纪的基督教对西方古代民主有所传承，根据基督教的相关规定，教徒可以行使选举权自由选举主教，并且还以宗教会议的形式统一教义和立法。后来，伴随商品经济的发展，体现新兴资产阶级诉求的文艺复兴、宗教改革和启蒙运动，对人类文明的发展进步起着极大的促进作用，开启了西方近代民主之门。西方近代民主是西方经济发展到一定阶段的必然反映，是资产阶级反对封建黑暗统治的重要手段，其本质是人民主权，具体表现为对人的权利的保护和对国家权力的限制，凸显了个人本位主义。

当时影响比较大的民主理念主要包括天赋人权论、社会契约论、人民主权论、权力制约论、自由平等论等。这些理念相较于封建社会是一种巨大的历史进步，推动了历史的前进。当资产阶级的势力逐渐增强，通过革命取得了政权，成为统治阶级，他们把这些先进的理念进行了固化，并不断地向世界范围内传播拓展，最大化地满足自身的利益。

在当今社会，以美国为首的资本主义国家往往把民主作为自己的优势，且引以为豪。综合看来，西方国家强调自身民主，主要包括以下几个制度性要素。第一是普选制。选举是民主的一个核心要素，也是现代民主国家的重要标志，一个民主国家往往通过一系列法律对选举进行详细而全面的规定。但应看到选举仅仅是民主的一个必备条件，有了选举不一定就是真正体现了民主。因为民主有形式民主与实质民主之分。而选举只是形式民主的体现，体现不出实质民主。西方国家的普选制主要是指选民资格的普遍性和通过普选产生高级官员。但历史上，西方国家的选举对选民有很多限制，剥夺了穷人的选举权。虽然现代西方国家实现了选民资格的普遍化，但其实质是代表不同利益集团的政治博弈，背后反映了不同利益集团的政治要求。第二是相互制衡的体制。西方大多国家的立法权、司法权和行政权分别由立法机关、司法机关和行政机关行使，看似是三权分立、相互制衡的局面。不可否认，这种体制的形成有着深厚的历史文化基础，是对古代民主政治的继承和发展，有着进步价值。但是，三权分立的实践结果往往效率低下，相互扯皮，容易忽略对公民权益的真正保护。第三是两党制或多党制的政党制度。无论是两党制还是多党制，其本质是不同利益集团的代言和博弈。从表面上看，各政党可以自由地参加竞选，但巨额的竞选费用让很多小党派根本无法参与竞选，这也就决定了只有那些实力雄厚的政党才有可能获得多的选票，赢得竞选，上台执政。由此可见，西方国家的民主是金钱做主，崇尚利益，其实质是金钱对民意的操纵，根本不是人民当家做主，这充分凸显了西方国家民主的虚伪性和欺骗性。

3. 平等

平等是人类社会孜孜追求的一个重要价值。古今中外，无数思想家对其进行了多维度的理论思考，众多政治家也在实践中进行了不懈的实践探索。这些经过历史积淀下来的理论和实践资源，至今对我们今天的思考方式和政策选择有着重要的影响。

作为普世价值的核心内容，平等的观念和西方思想家的探讨分不开。西方古典时期，影响较大的平等思想主要有梭伦的平等观、亚里士多德的平等观、斯多葛派的平等观以及原始基督教的平等观。这些思想观点为近代西方的平等观念奠定了理论基础。近代西方平等观念的发展演变与民族国家的建立巩固密不可分。民族国家的建立发展，意味着国民参与国家政治生活的机会增多，国家掌握着极大的权力并要求国民要忠诚于国家，而国民则凭借纳税的付出要求国家做出让步并保障其经济政治权益。一般说来，西方近代平等观源于 14—15 世纪的意大利，布鲁尼、马基雅维利、圭洽迪尼是当时平等观的代表人物，强调公民应在政治上实现平等。到了 16 世纪，格劳修斯、霍布斯等学者主张“主权在王”的核心观念，为王权辩护。以 1640 年欧洲革命为标志，欧洲近代历史开启。以大众主权、普选权、法律面前人人平等为基本主张的平等派，对近代的政治运动产生了重要的影响。而后，这一平等观又被注入了节制财产、财产公有等观念。欧洲启蒙运动以后，以洛克、卢梭为代表的资产阶级学者，提出影响深远的“契约论”，深化了平等思想，影响了近代的资产阶级革命。当历史发展进入了现当代，西方一些国家通过改革，为个人发展提供了教育、医疗、养老等方面的福利，暂时缓解了不平等的现状。而一些西方学者如罗尔斯、德沃金、柯亨等代表性人物，在审视当代西方国家社会实践的基础上把平等思想进一步深化，并在一定意义上指出了当代西方国家奉行的平等观念被现实成功遮蔽了内在的理论缺陷。

平等作为普世价值的核心理念，有着深厚的历史文化积淀。正是由于这种较为悠久的文化积淀，再加上西方国家经济取得的成功，并借助科技的影响，西方中心论应运而生。普世价值中的平等正是西方中心论的一种反映。客观说来，西方国家宣扬的“法律面前人人平等”“人人生而平等”等主张，对反对封建专制、推动思想启蒙等有着积极作用，但就其实质而言，仅仅是一种形式上的平等，是法律和金钱面前的平等，而无实质平等。正如当代西方学者戴维·赫尔德所言：“现代所有制（私有制）和公司的控制创造了各种形式的不平等，使公民在财产、收入、地位及教育上存在着巨大的差异。不平等的结果是产生了公民参与政治和国家生活的能力与机会的不平等。”[①] 现实情况也证明西方国家所谓的平等只是形式的平等。如美国作为世界上经济实力最为雄厚的国家，极力推崇平等的价值观，但其国民中的绝大多数对政府的决策几乎不起任何作用，这主要因为这些人的收入水平比较少，财富占有率比较低。2011 年美国发生的“占领华尔街”运动，再一次证明了美国平等的虚假性。美国学者约瑟夫·E. 斯蒂格利茨（2001 年获得诺贝尔经济学奖）在其著作《不平等的代价》中聚焦了美国社会存在的“1% 的少数与 99% 的大多数”不平等问题，他指出：“1% 的少数群体享受着最好的住房、最好的教育、最好的医生、最好的生活方式，但是有一样东西是金钱买不到的，那就是意识到他们的命运是与那 99% 的大多数命运捆绑在一起的。纵观历史，这些 1% 的群体最终都会明白这一道理，只不过他们常常明白得太晚了。”[②] 其实，马克思、恩格斯早就指出了资产阶级平等的虚伪性，强调了平等的实质性意义。马克思一针见血地指出：“平等原则又由于被限制为仅仅在‘法律上的平等’而一笔勾销了，法律上的平等就是在富人和穷人不平等的前提下的平等，即限制在目前主要的

---

① 应克复：《西方民主史》，中国社会科学出版社，2012 年版，第 434 页。

② ［美］约瑟夫·E. 斯蒂格利茨：《不平等的代价》，机械工业出版社，2013 年版，第 1 页。

不平等的范围内的平等，简括地说，就是简直把不平等叫作平等。”① 为此，恩格斯明确指出：“平等应当不仅是表面的，不仅在国家的领域中实行，它还应当是实际的，还应当在社会的、经济的领域中实行。”②

4. 人权

人权是普世价值思潮的一个重要内容。人权，顾名思义就是人的权利和利益。从理论上看，只要有人的存在，就有人权。但在历史的发展中，人权问题是与社会性质和制度紧密相关的。人权从来不是抽象的，而是历史的、具体的。西方资产阶级提出的人权，并不是真正为了人的权益，它是建立在财产私有制之上并始终围绕财产私有而运转的。马克思在对 1789 年法国的《人权和公民权宣言》进行剖析的时候指出，作为自由意义上的人权其实就是可以任意使用、处理自己的财产、自己的收入、自己的劳动等的权利，不受他人和社会等外在的任何束缚。整个社会存在的目的就是为了资产阶级自身的人身、权利和财产的安全性，不受任何侵犯。因此，资产阶级所说的人权，本质就是为了维护自己的阶级利益，保全自己的私有财产。他们的“人权并没有使人摆脱财产，而是使人有占有财产的自由；人权并没有使人放弃追求财富的龌龊行为，而只是使人有经营的自由”③。在资本主义社会，资产阶级提出的人权具有极强的虚伪性和矛盾性，当然也应看到，他们在反对封建社会和基督教会黑暗统治等方面具有历史进步意义。一方面，他们极力宣布，公民的权利不受侵犯，受宪法和法律的保护；另一方面，他们又通过各种借口以多样的手段侵犯人权。例如，法国的《人权和公民权宣言》中规定“在权利方面，人们生来而且始终是自由平等的”，但现实中法国资产阶级把公民分为了积极公民和消极公民，而 85% 的没有财产资格的消极公民就被剥夺

---

① 马克思、恩格斯：《马克思恩格斯选集》第 4 卷，人民出版社，1995 年版，第 239 页。

② 马克思、恩格斯：《马克思恩格斯全集》第 20 卷，人民出版社，1971 年版，第 28 页。

③ 马克思、恩格斯：《马克思恩格斯全集》第 2 卷，人民出版社，1957 年版，第 145 页。

了选举权，女性当时也没有选举权。美国的《独立宣言》宣称“人人生而平等，他们都从他们的‘造物主’那里被赋予了某些不可让渡的权利，其中包括生命权、自由权和追求幸福的权利”，但美好的口号掩盖不了丑陋的现实，当时上千万的黑奴就没有所谓的平等，没有资产阶级强调的所谓生命权、自由权和幸福权，他们面对的是生存和尊严。更为重要的是，在交通技术和科技革命的影响下，资产阶级为了自身的利益，通过殖民战争向世界落后国家掠夺资源、输入商品，致使这些国家发展落后，民不聊生，严重践踏了被殖民国家的人权。

当今时代，以美国为首的西方国家戴着有色眼镜，对他国的人权说三道四，大搞人权攻势，其目的无非是为推广普世价值对外战略打开局面。近些年来,美国每年都要发布所谓的“国别人权报告”,冒充扮演世界“人权法官”,以道德裁判官自居，妄言缪评，对他国国内事务和人权状况横加指责，似乎只有自己的人权最完美。虽然美国在经济力、科技力、军事力、文化力等方面的综合国力仍然是世界上最强的国家,但这并不能说明其自身的人权状况。其实，美国的人权十分糟糕，劣迹斑斑，侵犯人权的状况时有发生，并呈持续恶化的趋势。例如，公民权利遭受严重侵犯，暴力犯罪率攀升，警察暴力执法严重，枪支泛滥问题无解，枪击案件持续高发，个人网络隐私权常被侵犯，人民的生命和自由受到严重威胁。2017 年 10 月拉斯维加斯发生美国现代史上最为严重的枪击案，造成近 60 人死亡、800 多人受伤，这样的例子数不胜数。种族歧视问题依然严重并呈恶化趋势，种族冲突频发，社会对立加剧。据相关机构统计，2016 年美国共发生 6121 起仇恨犯罪，达到了近年来未曾有过的高点；美国警察 2017 年共杀死 1129 人，其中非洲裔占 25%，远高于其 13% 的人口比例；58% 的受访者认为种族主义是美国社会的一个大问题，比两年前增加了 8 个百分点，比 2011 年大约翻了一番。贫富分化现象持续恶化，贫困人口生活悲惨，有 5230 万人生活在“经济贫困社区”，约占美国总人口的 17%；无家可归者人数增长，有多达 553742 人至少有一夜无家可归，纽约无家可归者增长率高达 4.1%。毒品和违禁药物泛滥，有 770 万人滥用违禁药物。医疗保障问题重重，自 2015 年以来，民众对政府保障医疗服务的正面评价下降了 20%。联合国人权理事会极端贫困和人权问题特别报告员菲利普·奥尔斯顿一针见血地指出："美国梦正在迅速蜕变成美国幻想。"特定群体遭受歧视和人身侵犯，女性遭受性骚扰、性侵犯的严重威胁，60% 的女性在工作中遭受过性骚扰。儿童和青少年面临各种暴力，美国 2016 年度发生的针对 10 岁及以下儿童的人身伤害案件达 68068 起，针对 11 岁至 15 岁儿童的人身伤害案件达 97588 起，针对 16 岁至 20 岁青少年的人身伤害案件达 159963 起，其中涉及性侵犯的案件共有 83611 起。残疾人遭受人身侵犯，2009 年至 2015 年，12 岁以上残疾人的暴力受害率至少是非残疾人的两倍，其中 2015 年超过 2.5 倍，残疾人遭受严重暴力犯罪的比率是非残疾人的三倍以上。美国继续粗暴侵犯他国人权，主导的军事行动造成他国大量平民伤亡，关塔那摩监狱依然非法监禁他国公民并实施酷刑。美国还制造网络战争工具，肆意侵入他国网络实施监控……由此可见，美国推广的普世价值中的人权本质上是少数人的人权，核心是财产权，而不是人的生存权、发展权，体现了资本人格化和劳动非人化的异化现象。

三、普世价值思潮的评析

价值观是具体的、历史的，不存在超历史和国家的普世价值。虽然有些人把从考察西方历史概括出的诸如民主、自由、平等、人权等观念作为普世价值，并极力宣传推广，但通过现象看本质便知，正如世界上不存在两片完全相同的树叶一样，也没有完全相同的价值观。由于每个国家独特的国情，必然积淀形成有自己特色的价值观念，虽然有些价值观念可能名称上一样，但其实质性内涵则完全不同，普世价值即是如此。总体看来，普世价值的出现，有着深刻的历史背景，并不是偶然的，其背后反映的本质是以话语霸权的形式体现着西方价值观的渗透，折射出作为典型代表的美国独霸全球、唯我独尊的目的。

1. 普世价值思潮泛起的原因

普世价值作为一个近年来传播范围较广、影响较大的社会思潮，其产生发展有着复杂多样的国内外原因。从国内看，伴随着我国社会主义现代化建设进程的推进，尤其是社会深度转型的变迁，社会经济体制深刻变革、社会结构深刻变动、利益格局深刻调整、思想观念深刻变化，人民思想获得的自主性、独立性、选择性、多变性、差异性明显增强，在此背景下，普世价值的输入传播刚好契合了部分人的精神需求，而这些人对此警惕性不高，误入思想的歧途。与此同时，信息网络技术的发展，特别是移动互联网的日新月异，深刻改变着传统的信息传播方式，也深度影响着人们的生活方式、生存方式。普世价值思潮借助互联网这一方便快捷的传播载体，无形之中形成信息包围圈，并持续反复地进行各种各样的传播。此外，在一定时期，我们的意识形态领域存在薄弱环节，有些人以“不争论”为借口，将学术研究转向西方，淡化意识形态，弱化马克思主义意识形态的核心地位。更有一些人借助社会热点大力传播宣扬普世价值，如用党和国家领导人提出的“共同价值”、党的十八大报告提出“三个倡导”的社会主义核心价值观、十八届四中全会聚焦“全面依法治国”等借机造势，混淆视听。从国际看，全球化尤其是经济全球化是当今世界发展不可逆转的趋势，世界范围内的各种思想文化交流、交融、交锋此起彼伏，国家间的渗透和反渗透持续不断。我国作为社会主义国家，长期面临着西方意识形态方面的挑战。特别是改革开放40多年来，我们在党的坚强领导下，探索出一条符合自身的中国特色社会主义道路，取得了现代化建设的伟大成就，并日益凸显更加强大的国际影响力，这不仅不符合西方自身设定的发展模式，而且还威胁着他们的制度模式和价值体系。为此，一些国家极力传播其自认为先进的价值观，鼓吹自由、民主、平等、人权等所谓的普世价值观，对我国进行攻击，企图变更我国的改革开放航向，改变党的领导和社会主义制度。

2. 普世价值思潮的鲜明指向

普世价值是以美国为首的西方国家为谋求文化霸权而针对特定对象展开的思想渗透，虽打着自由、民主、平等、人权等美好价值观的旗帜，但其背后透视的是西方国家设置的话语陷阱，反映的是西方国家推行所谓先进民主制度和传播所谓先进价值观的良好心愿，实则是西方敌对势力企图西化、分化我国的一个重要思想武器。正如美国原国务卿亨利·基辛格在其著作《论中国》中强调，包括美国在内的西方国家声称自己的价值观和体制普世适用，并坚持通过施压和激励来实现价值观的普适性。这种做法对世界上有些国适用，但对中国则不适用，因为中国自古以来就有自己异于西方的价值观，其源泉来自古代哲学家孔子。可见，西方国家宣扬推行普世价值的目的是让他国接受实行其民主制度，重塑世界面貌。对我国而言，其实质是以价值观为突破口，挑战社会主义核心价值体系和社会主义核心价值观，改变我国的改革开放方向，否定中国共产党的领导，颠覆中国特色社会主义制度。具体来看，普世价值在政治上企图用西方的政治理念和制度模式来改造我国的政治制度，否定我们的以党的领导、人民当家做主和依法治国相统一为特色的民主政治发展道路，妄想通过影响我国的政治体制改革方向和进程，改变我国的社会主义方向；在思想上，坚持指导思想的多元化主张，妄图改变马克思主义的指导地位，并通过寻找代言人鼓吹接受西方价值观，干扰我国的价值观建设，妄图用西方价值观代替社会主义核心价值观，力图造成我国思想上的混乱；在经济上，极力倡导私有制，并为全盘私有化制造舆论，拆毁以公有制为主体、多种所有制经济共同发展的一项基本经济制度，否定以按劳分配为主体、多种分配方式并存的分配制度，破坏社会主义市场经济，扰乱我们来之不易的市场秩序；在文化上，用文化的同一性抹杀文化的差异性，不考虑其他国家的特殊情况，企图把自己国家的价值观念强加给其他国家，并用强力加以推行，若不接受不认同就会通过强大的经济力量、军事力量、科技手段等来迫使他国接受，以此实现用自己的文化统一全球；在国防建设上，通过各种渠道手段造势声称我国的国防投入过高、不透明，对他国造成了严重威胁，强调军队国家化，否定党指挥枪这一建军的根本原则；在祖国统一上，支持“台独”“藏独”等分裂势力，置民族国家大义于不顾，站在国家统一的对立面，逆历史潮流而动，妨碍我国实现祖国完全统一的历史进程，阻碍中华民族伟大复兴中国梦的实现。

3. 普世价值思潮的总体评价

普世价值作为西方国家文化的核心，是现代资产阶级统治思想的体现，其必然“赋予自己的思想以普遍性的形式，把它们描绘成唯一合理的、有普遍意义的思想”[①]。虽然它在资产阶级登上历史舞台、反对封建专制上有着巨大的历史进步性，但囿于历史的局限性，其民主、自由、平等、人权只是表面的、虚伪的，是服从于资产阶级进行统治和压迫需要的政治工具。例如民主，“资产阶级民主同中世纪制度比较起来，在历史上是一大进步，但它始终是而且在资本主义制度下不能不是狭隘的、残缺不全的、虚伪的、骗人的民主，对富人是天堂，对被剥削者、对穷人是陷阱和骗局”[②]。不过，也应看到普世价值经过历史的演变和发展，有些价值观念已深入西方国家国民的人心，成为一种国民约束和限制其国家政府的一种手段。从马克思主义立场观点和方法审视，普世价值作为价值观念，是西方国家文化的重要体现，是其上层建筑的重要构成，受私有制的经济基础决定。私有制主张以个人利益为中心，忽视整体利益，反映到价值观层面必然是个人主义的价值取向，体现在国家层面则是以自我国家利益为中心甚至侵蚀破坏他国的合法正当利益，把自己国家奉行的价值观等同于普世价值，极力向世界其他国家推送。显然，普世价值反映了西方国家的制度形态，彰显了价值观的历史性和具体性。

普世价值本身就不是一个科学严谨的概念，人类社会发展历程中并不存

---

① 马克思、恩格斯:《马克思恩格斯选集》第1卷，人民出版社，1995年版，第180页。

② 列宁：《列宁选集》第3卷，人民出版社，1995年版，第601页。

在那种普遍适用所有人、所有时间、所有地点、不以任何条件为转移的永恒的、普世性的价值。从理论上看，普世价值存在着明显的理论误区：一是回避了价值问题的复杂性，混淆了主观与客观的区别，把特殊价值等同于普遍价值。普世价值是西方国家的价值观，是一种特殊价值，有其特定的适用范围。把普世价值普遍适用于人类社会的任何社会形态，本身就是简单化、形而上学思维的体现，看不到不同国家、地区生成的价值观的差异，陷入了普遍主义的误区，为霸权主义提供了借口。二是沦为了西方中心主义的俘虏。西方中心论由来已久，且至今影响仍在。一些学者坚持西方中心论，把西方文明看作普世价值，把非西方文明看作特殊价值，不仅过分夸大了西方文明中的普世价值，也把其中的特殊价值加以普世性了。这既不符合当今世界的真实情况，也反映了一些国家的霸权主义。三是违背了历史唯物主义，抹杀了中西价值观的差异。社会存在决定社会意识，这是历史唯物主义的基本原理。在国家和阶级尚未消亡之前，不存在超阶级的自由、民主、平等、人权等价值形态。正如毛泽东同志所言："实际上，世界上只有具体的自由，具体的民主，没有抽象的自由，抽象的民主。在阶级斗争的社会里，有了剥削阶级剥削劳动人民的自由，就没有劳动人民不受剥削的自由；有了资产阶级的民主，就没有无产阶级和劳动人民的民主。有些资本主义国家也容许共产党合法存在，但是以不危害资产阶级的根本利益为限度，超过这个限度就不容许了。要求抽象的自由、抽象的民主的人们认为民主是目的，而不承认民主是手段。民主这个东西，有时看来似乎是目的，实际上，只是一种手段。马克思主义告诉我们，民主属于上层建筑，属于政治这个范畴。这就是说，归根结底，它是为经济基础服务的。自由也是这样。民主自由都是相对的，不是绝对的，都是在历史上发生和发展的。"①这一重要论述，鲜明指出了自由、民主的有限性，为我们今天廓清普世价值的认识误区提供了理论指南。

① 毛泽东：《毛泽东著作选读》（下册），人民出版社，1986年版，第761~762页。

四、普世价值思潮的应对与消解

自普世价值争论产生以来，特别是党的十八大以来，很多学者从各方面进行辨析与批驳，人们对普世价值的兴起、危害、实质等方面有了更加清醒的认识。虽然近年来伴随意识形态建设的加强，普世价值的声音逐渐式微，但不可否认的是，在一定时空范围内，由于普世价值的欺骗性、渗透性较强，它极有可能改头换面再度兴起，模糊人们的思想认识，危害意识形态安全。这种情况不容忽视或小觑，必须时刻保持头脑清醒，坚定政治信仰，明辨是非，一方面坚定“四个自信”，筑牢意识形态安全屏障；另一方面积极培育践行社会主义核心价值观。

1. 坚定“四个自信”，筑牢意识形态安全屏障

普世价值是以美国为首的西方国家在全球活动中的利器，是其推广文化帝国主义的工具。他们推广普世价值，不在于普世价值本身，而是以此为标准衡量他国的民主、自由、人权等，让自己站在道义的制高点，对他国内政强力干涉。这种以普世价值的名义进行意识形态渗透的做法，模糊人们的思想认识，动摇人们的思想根基，进而从根本上否定党的领导、歪曲马克思主义、颠覆中国特色社会主义。因此，应对、消解普世价值，首要的问题就是坚定“四个自信”，筑牢意识形态安全屏障。

一是坚定道路自信。道路决定命运。道路问题是关系党的事业兴衰成败第一位的问题。我们党领导人民接力探索、接续奋斗，找到了中国特色社会主义这条正确的道路，我们必须坚定不移走下去。我们的道路自信不是无中生有的，而是有着深厚历史文化基础。习近平总书记指出：我们的道路就是中国特色社会主义道路。“这条道路来之不易，它是在改革开放30多年的伟大实践中走出来的，是在中华人民共和国成立60多年的持续探索中走出来的，是在对近代以来170多年中华民族发展历程的深刻总结中走出来的，是在对中华民族5000多年悠久文明的传承中走出来的，具有深厚的历史渊源和广泛的现实基础。”[①]我们的道路自信更是在中国特色社会主义实践伟大成就基础上生成的。改革开放40多年来，我们始终坚持以经济建设为中心，不断解放和发展社会生产力，取得了举世瞩目的伟大成就。我国国内生产总值由1978年的3679亿元增长到2020年的101万亿元，占世界生产总值的比重从1.8%上升到16.35%，稳居世界第二，多年来对世界经济增长贡献率达到30%。截止到2020年，我国粮食总产量66949万吨，创历史新高，持续居世界第一位，220多种工业产品产量居世界第一位，制造业增加值预计连续11年居世界第一位。我国已建成了世界上最为完整的产业体系，成为全世界唯一拥有联合国产业分类中所列全部工业门类的国家。对外贸易成绩斐然，2020年我国全年货物进出口总额32万亿元，进出口总额占GDP30%以上，是全球唯一实现货物贸易正增长的主要经济体。2020年中国经济年报显示，我国是世界第二大经济体、制造业第一大国、货物贸易第一大国、商品消费第二大国、外资流入第一大国和最大的外汇储备国。这些成就是我们坚持正确道路的结果。这条道路是经过实践检验适合中国国情的发展道路，是一条引领中华民族伟大复兴的康庄大道，绝不是封闭僵化的老路，更不是改旗易帜的邪路。对此，我们必须有战略定力，既不受制于人，也不强加于人。

二是坚定理论自信。理论就是旗帜，就是方向。理论自信是我们党对作为自己指导思想的马克思主义及其中国化马克思主义理论成果的自觉信仰和坚定信念。中国特色社会主义理论体系是马克思主义中国化的重要成果，是中国特色社会主义实践的理论结晶。习近平新时代中国特色社会主义思想作为中国特色社会主义理论体系重要组成部分，是马克思主义中国化的最新理论成果，是实现中华民族伟大复兴中国梦的强大动力。我们强调的理论自信建立在马克思主义的科学性与真理性基础之上，是在中国革命建设和改革实

---

① 习近平：《在第十二届全国人民代表大会第一次会议上的讲话》，《人民日报》2013年3月18日第1版。

践取得的历史性成就之上的自信。中国特色社会主义理论体系特别是习近平新时代中国特色社会主义思想，是科学社会主义基本原理与中国具体国情相结合的结晶，贯彻着马克思主义立场观点方法，集中体现了马克思主义的理论品格和精神实质，闪耀着马克思主义真理的光辉，是经过实践检验、富有实践伟力的强大武器。坚定理论自信，要求我们要在继承人类一切优秀文化成果的基础上不断完善发展理论，使其体现与时俱进的精神品格。不仅要汲取中国优秀传统文化的养分，夯实理论的传统文化底蕴，而且要吸纳革命文化、社会主义先进文化的精髓，同时还要大胆地吸收和借鉴世界优秀文明成果并将其融入中国特色社会主义理论之中。在新的时代条件下，我们应增强理论自觉，深入系统学思践悟最新的理论，不断增强政治认同、思想认同、情感认同，认清普世价值的真实面目，做到理论上的清醒、行动上的坚定，始终保持正确的前进方向。

三是坚定制度自信。制度是一个国家性质的体现，是理论的具体化。制度具有根本性、全局性、稳定性和长期性的特点。制度自信是我们对自己拥有的中国特色社会主义制度的充分肯定和坚定信仰，我们坚定的制度自信是中国特色社会主义制度自信。之所以强调坚持中国特色社会主义制度自信，从根本上说是因为这一制度符合我国国情，顺应时代潮流，是人民当家做主和中国发展进步的根本保障制度，是科学社会主义在当代中国的重要体现，是具有强大生机活力和发展前途的先进社会制度。党的领导是中国特色社会主义制度的最大优势。中国特色社会主义制度在政治领域表现为：工人阶级领导的、以工农联盟为基础的人民民主专政的国体，人民代表大会制度的政体，中国共产党领导的多党合作和政治协商制度，民族区域自治制度和基层群众自治制度；在经济领域表现为：以公有制为主体、多种所有制经济共同发展的基本经济制度，确立了按劳分配为主体、多种分配方式并存的分配制度，社会主义市场经济体制；以及在文化、社会、生态等领域的体制机制。这样一套制度安排具有鲜明的中国特色，是我国历史传承、文化传统、经济社会发展的基础，是长期发展、渐进改进、内生性演化的结果，具有显著制度成效，获得社会广泛认可，具有强大的自我完善和发展能力。我们坚持制度自信不是裹足不前、故步自封，而是要把坚定制度自信和不断深化改革联系起来，这也是中国特色社会主义制度不断完善和发展的必然要求。正如习近平总书记所言："没有坚定的制度自信就不可能有全面深化改革的勇气，同样，离开不断改革，制度自信也不可能彻底、不可能久远。我们全面深化改革，是要使中国特色社会主义制度更好；我们说坚定制度自信，不是要故步自封，而是要不断革除体制机制弊端，让我们的制度成熟而持久。"[①]为此，我们需要大力推动中国特色社会主义制度更加成熟、更加定型，为党和国家事业发展、为人民幸福安康、为社会和谐稳定、为国家长治久安提供一整套更完备、更稳定、更管用的制度体系。但这需要在国家治理体系和治理能力现代化总体目标下通盘考虑。由此看来，通过坚定制度自信，普世价值的背后所指就会落空，从制度成效上直接否定了普世价值的核心主张，也进一步在世界范围内宣扬了我们的制度体系，并间接传播了当代中国的价值观念。

四是坚定文化自信。文化是一个国家、一个民族的灵魂，也是人民的精神家园。在"四个自信"中，文化自信是更基础、更广泛、更深厚的自信，是更基本、更深沉、更持久的力量。增强文化自觉和文化自信，是坚定道路自信、理论自信、制度自信的题中应有之义。坚持中国特色社会主义道路自信、理论自信、制度自信，说到底就是要坚定文化自信。文化自信对中华民族伟大复兴有着重大意义，它不仅提供动力支撑和智力支持，而且更为重要的是为海内外中华儿女提供精神滋养，对中国和平崛起起到文化的软实力作用。没有高度的文化自信，没有文化的繁荣兴盛，就没有中华

① 习近平：《完善和发展中国特色社会主义制度 推进国家治理体系和治理能力现代化》，《人民日报》2014 年 2 月 18 日第 1 版。

民族伟大复兴。我们讲文化自信，有充足理由和坚定底气。源远流长、博大精深、灿烂辉煌的中华优秀传统文化，是我们最深厚的文化软实力，是我们文化发展的母体，积淀着中华民族最深层的精神追求，代表着中华民族独特的精神标识，这是我们坚定文化自信的深厚基础。鲜明独特、激昂向上的革命文化，是中国共产党和中国人民在革命、建设和改革开放各个历史时期形成的精神追求、精神品格、精神力量的统一体，它继承了中华优秀传统文化的基因，汲取了中华优秀传统文化的营养，成为社会主义先进文化的源头；生机勃勃的社会主义先进文化是以马克思主义为指导、以新民主主义文化为基础、以中华优秀传统文化为源泉的体现中国特色、吸收国外文化有益成果的具有自己民族特性的先进文化，它符合先进生产力发展的要求，代表着历史发展的方向，是党和人民伟大创造精神的生动体现。这是我们坚定文化自信的坚固基石。在中国特色社会主义伟大实践中取得的伟大成就，彰显的经济实力、科技实力、国防实力以及综合国力，是我们坚定文化自信的强大基础。通过坚定文化自信，增强了做中国人的骨气和底气，夯实了意识形态领域的主导权和话语权，有效压缩了普世价值的时空范围，化解了普世价值的消极影响，为更好构筑中国精神、中国价值、中国力量提供了精神指引和文化滋养。

2. 积极培育践行社会主义核心价值观

核心价值观是一个国家的重要稳定器，是文化软实力的灵魂和建设的重点，是决定文化性质和方向的最深层次要素。任何一个社会，都存在着多种多样的价值观念和价值取向，其中与经济基础和政治制度相适应并被广泛认同的核心价值观，居于主导地位，能够有效凝聚起全社会的意志和力量。对于我们这样一个拥有14亿多人口、56个民族的大国来说，在全球化进程中实现中华民族伟大复兴，面临异常复杂的国内外环境，迫切需要核心价值观的凝心铸魂，这关乎国家的前途命运，关乎社会的和谐稳定，关乎人民的幸福安康。否则，国家、社会和人民就会魂无定所、行无依归。

正因为如此，党的十八大在社会主义核心价值体系的基础上，提出了以“三个倡导”为主要内容的社会主义核心价值观，即倡导富强、民主、文明、和谐，倡导自由、平等、公正、法治，倡导爱国、敬业、诚信、友善。社会主义核心价值观把国家层面的价值目标、社会层面的价值取向和公民层面的价值准则有机统一起来，这实际上回答了我们要建设什么样的国家、建设什么样的社会、培育什么样的公民的重大问题。作为党和国家治国理政整体大局中的一个重大的理论和实践问题，培育践行社会主义核心价值观为中国特色社会主义事业提供源源不断的精神动力，在道德滋养方面有着独特的作用。而普世价值作为一种影响相对较大的社会思潮，对培育践行社会主义核心价值观产生了不可小觑的挑战。为此，积极培育践行社会主义核心价值观是新时代意识形态建设的重要任务，用社会主义核心价值观引领普世价值思潮事关文化安全，体现了我们党高度的理论自觉和使命担当意识，这就需要做到：

第一，在理论上弄清社会主义核心价值观的基础性问题。理论清才能方向明。只有理论上透彻，才能行为上坚定。这些基础性的理论问题有很多方面，这里主要谈两个方面。一是社会主义核心价值体系与社会主义核心价值观的关系。二者既有内在联系又相互区别。从提出时序上看，社会主义核心价值体系是 2006 年 10 月党的十六届六中全会通过的《中共中央关于构建社会主义和谐社会若干重大问题的决定》首次明确提出的重大命题和战略任务，社会主义核心价值观是 2012 年 11 月党的十八大上明确提出的重大战略任务。从主要内容上看，社会主义核心价值体系包括马克思主义指导思想、中国特色社会主义共同理想、以爱国主义为核心的民族精神和以改革创新为核心的时代精神、社会主义荣辱观等四个方面的基本内容，社会主义核心价值观的内容主要包括“三个倡导”。从内在关系看，社会主义核心价值体系是社会主义核心价值观的存在基础、展开形态和重要载体。社会主义核心价值观是社会主义核心价值体系的抽象提炼、高度概括和集中表达，体现社会主义核心价值体系的根本性质和基本特征，反映社会主义核心价值体系的丰富内涵和实践要求。二是社会主义核心价值观与中华优秀传统文化的关系。中华优秀传统文化源远流长、博大精深，是中华民族的基因和精神命脉，潜移默化地影响着中国人的思想方式和行为方式，特别是其蕴含的讲仁爱、重民本、守诚信、崇正义、尚和合、求大同等价值理念，是涵养社会主义核心价值观的重要源泉和深厚沃土。离开中华优秀传统文化的滋养，社会主义核心价值观则是无源之水、无本之木。社会主义核心价值观是中华优秀传统文化在当代中国的集中体现，是现阶段全国人民价值共识的“最大公约数”，继承中华优秀传统文化的精髓,是对中华优秀传统文化的创造性转化和创新性发展。这些基础性理论问题为社会主义核心价值观奠定了坚实的学理支撑，体现了社会主义核心价值观的理论特色和中国风格，明确了应对普世价值思潮的理论指向。

第二，在对象上抓住培育践行社会主义核心价值观的重点群体。培育践行社会主义核心价值观是新时代党和国家的重大战略任务，涉及各个领域、各个方面，是全社会的共同责任，党员干部、公众人物、青少年、先进模范是重点群体，要不断增强认知认同，着力践行。作为“关键少数”，党员干部是社会主义核心价值观的倡导者、组织者、示范者和引领者。该群体虽然比例不大，但却是最为关键的，直接关系到培育践行社会主义核心价值观的成效，对其他群体起着榜样示范作用。在全面深化改革的关键时期，党员干部要以更高的标准，更扎实的行动，在培育践行社会主义核心价值观上做出表率，始终坚守共产党人的精神阵地，反对各种不正之风，以优良党风促政风民风。社会公众人物往往是指那些在社会生活中拥有较高知名度的人，他们有着较大的影响力和号召力，是培育践行社会主义核心价值观的重点群体之一。该群体因其自身职业的特殊性，广受人民群众的关注，其言行无不影响着社会其他成员，特别是受众中的青少年粉丝。如果该群体不能够高度接纳认同社会主流价值观，没有正确的价值观，也就很难树立良好的社会形象，更谈不上发挥示范引领作用。因此，价值取向日益多样化的时期，公众人物更应该谨言慎行，提高自身综合素养，着力提升人格魅力，强化行业自律意识，高度认同并主动践行社会主义核心价值观，为大众树立良好榜样。青少年是祖国的未来、民族的希望，是中国特色社会主义事业的未来建设者和接班人，也是培育践行社会主义核心价值观的重点群体之一。青少年群体数量占全国总人口的1/6，往往以在校学生为主。他们是否认同社会主义核心价值观，不仅关系到自身的成长成才，而且关系到中华民族的伟大复兴，影响着中国特色社会主义的千秋伟业。这也正如习近平总书记以“扣子论”的形象比喻说明该群体对培育践行社会主义核心价值观的重要性。他说：“我为什么要对青年讲社会主义核心价值观这个问题？是因为青年的价值取向决定了未来整个社会的价值取向，而青年又处在价值观形成和确立的时期，抓好这一时期的价值观养成十分重要。这就像穿衣服扣扣子一样，如果第一粒扣子扣错了，剩余的扣子都会扣错。人生的扣子从一开始就要扣好。”[①] 为此，要充分考虑青少年的身心特点，以其更加容易接受的方式传播社会主义核心价值观，搭建多样化的平台，塑造良好氛围，大力将社会主义核心价值观日常化，有机融入其学习、工作、生活中，从小事、身边事入手寻找认同的切入点，在潜移默化中塑造其价值观。先进模范是社会发展的坐标，是时代进步的引领者。他们把党和人民的事业放在心中最高位置，有着崇高的精神品质，进取的敬业精神，为民的服务情怀，是培育践行社会主义核心价值观的模范。在新的时代条件下，全社会应该爱护崇敬这些模范，学习他们的先进事迹和高贵品质，践行他们彰显的报国、为民、敬业的精神。这些重要的主体，是应对消解普世价值思潮的关键力量。只要这些主体站稳政治立场，坚定价值观自信，就一定会扩大社会主义核心价值

---

① 习近平：《青年要自觉践行社会主义核心价值观——在北京大学师生座谈会上的讲话》，《人民日报》2014年5月5日第2版。

观的覆盖面和影响力，压缩普世价值思潮的影响空间。

第三，在实践上做好培育践行社会主义核心价值观的重要环节。培育践行社会主义核心价值观是一项持久系统的战略性灵魂工程、基础工程，需要做好教育引导、舆论宣传、行为实践、制度保障等各环节的协调。在教育引导上，要把培育和践行社会主义核心价值观融入国民教育全过程，“坚持育人为本、德育为先，围绕立德树人的根本任务，把社会主义核心价值观纳入国民教育总体规划，贯穿于基础教育、高等教育、职业技术教育、成人教育各领域，落实到教育教学和管理服务各环节，覆盖到所有学校和受教育者，形成课堂教学、社会实践、校园文化多位一体的育人平台，不断完善中华优秀传统文化教育，形成爱学习、爱劳动、爱祖国活动的有效形式和长效机制，努力培养德智体美全面发展的社会主义建设者和接班人”①。在舆论宣传上，要深入开展社会主义核心价值观的宣传教育，各级党委（党组）中心组要把社会主义核心价值观学习教育纳入学习计划，各级党委讲师团要把社会主义核心价值观纳入经常性宣讲内容；网络媒体、党报党刊、通讯社、电台电视台等新闻媒介要发挥传播社会主流价值的主渠道作用，把社会主义核心价值观贯彻到日常形势宣传、成就宣传、主题宣传、典型宣传、热点引导和舆论监督中；要适应互联网快速发展形势，善于运用网络传播规律，把社会主义核心价值观体现到网络宣传、网络文化、网络服务中，用正面声音和先进文化占领网络阵地。在行为实践上，要按照中央宣传部、中央文明办印发的《培育和践行社会主义核心价值观行动方案》要求，重点开展爱国主义教育活动、群众性精神文明创建活动、学雷锋志愿服务活动、诚信建设制度化、节俭养德全民节约行动、公正文明执法司法活动、平安中国建设活动、民族团结进步创建活动、文明旅游活动、全民科学素质行动、扶贫济困活动、爱国卫生

① 中共中央办公厅：《关于培育和践行社会主义核心价值观的意见》，《人民日报》2013年12月24日第2版。

运动、文明办网文明上网活动、公众人物“重品行树形象做榜样”活动、“三严三实”教育等活动项目，把社会主义核心价值观落实落细。在制度保障上，关键要做好把社会主义核心价值观融入法治建设，坚持以德治国和依法治国相结合，严格根据中共中央办公厅、国务院办公厅《关于进一步把社会主义核心价值观融入法治建设的指导意见》的文件精神，加强组织领导，运用法律法规和公共政策向社会传导正确价值取向，把社会主义核心价值观融入法治建设。

第三章

民粹主义思潮评析

当前，民粹主义亦成为一个引人关注的话题。作为一种社会思潮，其主张依赖平民大众对社会进行革命性变革，而对政治精英给予彻底批判和完全否定。民粹主义以平民化作为本质特征。在当代中国，民粹主义有不同的表现形态，诸如网络民粹主义、民族民粹主义和文化民粹主义。针对当前中国的民粹主义，单纯的批判和谴责远远不够，要秉持公正、客观和理性的态度，以习近平新时代中国特色社会主义思想加以引领和消解。

一、民粹主义思潮的发展演变

（一）关于“民粹主义”概念的解读

民粹主义，被翻译为平民主义或民众主义，它既是一种社会思潮，又是一种政治哲学，发源于19世纪下半叶的俄国。作为一种愈加受人们关注的社会思潮，其表现形式日趋多样化，影响日趋广泛。国内外学界对民粹主义概念的解读并没有一个确切的定义。

第一，西方视域下的“民粹主义”。对于民粹主义的解读，西方学者给出了各式各样的答案。美国政治学家爱德华·希尔斯是较早对民粹主义理论进行分析和解读的西方学者。“对于长期形成的等级统治阶级，这些阶级垄断着权力、财产、教养以及文化，在他们所实施的统治过程中，哪里有普遍的怨恨情绪，哪里就有民粹主义。”[①] 因此，他的结论是民粹主义是一种反应性的东西。希尔斯还认为，对民粹主义的认知应当以精英阶层与普通民众之间的关系为依据，而这一关系是研究民粹主义的核心。托丘尔多·迪·特拉从另一个视角对民粹主义进行解读。他以精英和大众关系为分析框架，并提出民粹主义是“基于动员起来但还未成为独立组织的平民群体的政治运动，这些民众由扎根于社会中层和上层的精英领导，在领

① 林红：《民粹主义——概念、理论与实证》，中央编译出版社，2007年版，第7页。

导者和被领导者之间由具有超凡魅力和个人化的领导连接在一起”[①]。玛格丽特·卡农范认为，民粹主义是一种促使人民反对既有权力结构和社会主流价值的号召力。[②]保罗·塔格特则认为，作为一套完整的思想体系，民粹主义与政治尤其是代议制政治有着决定性的矛盾。[③]罗伯特·简森则提出不应单纯将民粹主义定义为一种运动或一个政权类型，而应界定为一种政治动员手段或工具。[④]而本杰明·墨菲特和西蒙·托米两位学者则对作为一种意识形态、一种逻辑、一种话语、一种策略的意识形态的概念进行了批驳，将其界定为一种政治风格。[⑤]

第二，中国视域下的“民粹主义”。在中国学界，关于民粹主义的解读有不同的观点。一般认为，民粹主义与精英主义相互对立，主要以维护平民尊严和利益为借口，反对权威、精英和政府，甚或以民意为筹码，意图左右或阻碍政府的决策和行动。国内学者中，关于民粹主义的概念以俞可平教授的解读最为典型。俞可平提出了民粹主义的基本内涵，即极端强调平民群众的价值与理想，把平民化和大众化作为所有政治运动和政治制度合法性的最终来源，依靠平民大众对社会进行激进改革。他还认为，民粹主义既是一种

---

① 转引自林红：《西方视野下的民粹主义》，《社会科学论坛》，2008年12月（下），第27页。

② Margaret Canovan, “Trust the people! Populism and the Two Faces of Democracy”, *Political Studies*,1999，XLVII，p.2.

③ 保罗·塔格特：《民粹主义》，袁明旭译，吉林人民出版社，2005年版，第33页。

④ Robert S. Jansen, “Populist Mobilization: A New Theoretical Approach to Populism” ,*Sociological Theory*,June2011,Vol.29,p.75.

⑤ Benjamin Moffitt & Simon Tormey, “Rethinking Populism: Politics, Mediatisation and Political style” , *Political Studies*,2014,Vol.62,p.381.

政治思潮，又是一种社会运动，还是一种政治策略。[①] 金雁对民粹主义的概念的解读是：一种与个人本位倾向对抗的整体主义，一种与世界主义（国际主义）倾向对抗的国家主义，一种与市民社会的理性主义相对抗的非理性倾向，一种与市场经济和宪政制度对抗的反现代化力量。[②] 郭彩霞则强调，民粹主义是一种极端强调民众价值的，泛道德、泛情感的，甚至是反理智的、极易煽动民众情绪的、立场多变的社会思潮。[③] 而董振华认为，民粹主义是一种西式"民主"的极端化。[④] 此外，林红认为，民粹主义是一种诉诸和求助于人民群众的学说或运动，它试图表达某种平民大众的集体诉求。[⑤]

总之，民粹主义是一个极具争议性的概念和术语，迄今国内外学界并未形成一个较为明确且普遍认可的概念。正如中国学者刘小龙指出，"民粹主义往往被认为是一个充满模糊性、歧义性的概念乃至一个缺乏实质内涵的政治标签"[⑥]。而保罗·塔格特指出："在寻求对民粹主义有一个完美恰当的解释的过程中，充满着种种错觉和不尽如人意的东西，其结果并非总是令人满意的。"[⑦] 综上所述，民粹主义是一种借助于人民而反对社会精英的政治

---

① 俞可平:《现代化进程中的民粹主义》,《战略与管理》1997 年第 1 期, 第 88~89 页。

② 金雁：《当代民粹主义的内涵》，http：//www.southcn.com/nflr/xssc/200505190379.htm.

③ 郭彩霞：《论新媒体公共领域中的民粹主义》，《福建行政学院学报》2017 年第 1 期，第 45 页。

④ 董振华：《2017 民粹主义透视》，《人民论坛》，2018 年 2 月下，第 16 页。

⑤ 林红：《当代民粹主义的两极化趋势及其制度根源》，《国际政治研究》2017 年第 1 期，第 41~43 页。

⑥ 刘小龙：《民粹主义的形态演进及其解释路径》，《理论探索》2016 年第 6 期，第 52 页。

⑦ 保罗·塔格特：《民粹主义》，袁明旭译，吉林人民出版社，2005 年版，第 2 页。

思潮、政治运动和政治力量。其基本要义可以概括为：推崇以人民崇拜为核心的价值理念，突出强调人民的价值与作用，反对精英主义；主张大众民主，坚持以人民的方式来对抗精英阶层，以推动社会的变革；追求道德至上主义，具有强烈的反市场化和反现代化倾向，希望重塑原有的政治生态。可以看出，民粹主义的两大突出特点是以人民为中心和反对精英。

（二）民粹主义思潮的历史沿革

迄今为止，人类历史上出现过三次民粹主义热潮。第一次民粹主义热潮出现在 19 世纪中后期，主要以俄国知识分子和东欧农民对平均地权的强烈要求，以及美国西南部农民意图控制当地政府的激进主义行为为典型代表。第二次民粹主义热潮出现于 20 世纪六七十年代，民粹主义之风吹遍世界各洲和大洋，其主要以民族复兴为目标。其中，拉丁美洲的庇隆和阿连德等人领导的民族复兴运动成为本次民粹主义热潮的象征。第三次民粹主义热潮出现在 20 世纪八九十年代，尤其是 20 世纪末人类步入全球化时代之后，民粹主义再次在世界各地成蓬勃发展之势。特别是近几年来，国际舞台上陆续出现了诸如英国脱欧公投和韩国总统朴槿惠遭遇弹劾等政治事件，使民粹主义成为人们关注的热点，从而形成了第三次民粹主义热潮。

1. 民粹主义的原生形态

民粹主义的原生形态可以追溯到 19 世纪中后期，它以俄国民粹主义和美国“人民党”民粹主义为蓝本。俄国民粹主义产生于特殊的历史条件之下，一方面俄国废除了农奴制；另一方面资本主义很不发达，农村中资本主义与农奴制残余结合，广大农民依旧遭受封建主义和资本主义的双重压迫和盘剥，农村地区的阶级矛盾相当尖锐。由此，农民反对地主土地所有制与沙皇专制制度的斗争日趋高涨。在此背景下，由小资产阶级空想社会主义者所组成的“民粹派”应运而生。1874 年春夏期间，“民粹派”把工作重心由城市转移到了农村，发起“到民间去”的运动。一些“民粹派”知识分子以“人民的精粹”自居，提出“到民间去”的口号。他们穿上农民服装，走到农民中间宣传他们的革命思想，意图发动农民来推翻沙皇专制统治。他们“坚决地号召知识分子到农村去”，“到土地那里去，到农夫那里去！农夫需要知识分子！俄罗斯需要有知识的人们组成的农村。那些走向土地的知识分子将在土地上为自己找到幸福和宁静”。他们“把俄国的村社制度理想化，肯定俄国的非资本主义发展道路”。

简言之，俄国“民粹派”的观点基本可以概括为：其一，革命的主力军是农民而非无产阶级，将革命胜利的希望托付于农民，只有“村社”才能成为社会发展的基础。其二，对俄国已经走上资本主义道路持否定态度，认为俄国可以通过农村公社进入社会主义，而避开资本主义工业的发展。其三，夸大英雄人物在历史上的作用，认为极少数英雄人物能够成为人类历史的主宰。他们认为英雄人物创造了历史，而“群氓”只能追随历史英雄人物。其四，他们甚至主张运用个人恐怖手段夺取政权。

从某种意义上讲，俄国民粹主义是一种以知识分子为主导力量的社会思潮，它包含有“信仰人民”和“崇尚人民”的价值理念以及把“人民”理想化的价值观，鼓励“人民”与敌对阶级进行殊死搏斗，这是所有民粹主义具有的共同特质。但因为具有俄国现代化独特的历史起点、路径选择和小农诉求，从而呈现民粹主义发展的特色。在反对封建统治的斗争中，俄国民粹主义曾经发挥过一定的积极作用。但其理论观点的巨大局限性，在一定程度上制约了马克思主义在俄国的传播和俄国工人运动的发展。最终在遭遇沙皇政府的残酷镇压后，俄国“民粹派”蜕化为了富农利益的代表，与沙皇政府妥协。之后，列宁曾多次撰文从思想理论视角深刻地揭露和批判俄国民粹主义所持有的世界观、经济观点、政治纲领与斗争策略，痛斥“民粹派”作为“人民之友”的伪装。无产阶级革命在俄国兴起后，俄国的民粹主义一度陷入沉寂。

19 世纪末期，美国“人民党”运动是美国民粹主义的起源。在 1861—

1865年南北战争给美国社会带来巨大创伤的背景下，一场以农民为主力军的民粹主义运动在美国发生了，其主要是反对垄断资本对银行、铁路和商业的控制及其政党代表（主要是民主党和共和党）的行为。美国民粹主义运动出现的原因，主要有以下几个方面：在政治上，当时美国政府推行保守主义的放任政策，导致腐朽之风盛行；在奴隶制存在的背景下，美国南北双方在工业发展战略、土地政策、货币政策和经济发展方式上都存在严重分歧；在两党制的政党体制框架下，拥护改革和反对垄断的政治势力对美国政治由两党轮流控制表示不满，企图借助农民运动来打破两党制的格局，与此同时南北双方民间的诉求也存在较为严重的分歧。由此，民粹主义运动就应运而生。从本质上来讲，美国民粹主义运动“实质上是一种以地域为基础，以捍卫土地所有制为目标的激进主义，它成为美国内战之后又一支反对北方的政治、经济强权和政党系统的独立政治力量”。

追溯美国“人民党”的历史，19世纪六七十年代的农民协进会和1874年的“美钞运动”是其成立的基础。1892年美国南北农民联盟召开盛会并发表具有标志性意义的《奥马哈纲领》，这标志着第三人党“人民党”的正式诞生。《奥马哈纲领》中最核心的观点有三：其一，货币由国家管理和控制，逐步摆脱银行的约束；其二，政府对铁路拥有所有权和管理权；其三，不能对土地进行投机买卖，也不接受外国投资者。上述纲领的内容体现了美国民粹主义者希望国家采用直接干预的方式遏制垄断资本主义扩张的主张。在1896年美国总统选举中，“人民党”遭遇失败，随后逐步退出美国历史舞台。但美国“人民党”的出现还是给美国政治带来了深远影响。一方面，推动了美国政党制度的变革，两党轮流执政的政治格局有被打破的可能性；另一方面，美国的政治文化被注入了民粹主义色彩，这是美国政治光谱中的一大特色。

作为一场自下而上的农民政治运动，美国“人民党”领导的民粹主义运动，肇始于对社会转型期剧烈变革的忧虑和担忧，表达了对社会弱势群体的关注，鼓励弱势群体能够对社会精英保有抗争意识。

2. 民粹主义的经典形态

民粹主义的经典形态主要是指从20世纪30年代初期的民粹主义到20世纪六七十年代以拉美地区民粹主义为典型代表的第二波民粹主义热潮。拉美地区的民粹主义之所以被称为民粹主义的经典形态，其原因在于民粹主义在拉美地区不仅在理论上得到了升华，而且在政治上得到了丰富实践。拉美民粹主义是“基于动员起来但还未成为独立组织的平民群众的政治运动，这些民众扎根于社会中层和上层的精英领导，在领导者和被领导者之间由具有超凡魅力和个人化的领导联系在一起”。这概括了拉美民粹主义所具有的政治动员、民众狂热和个人崇拜的一些特性。

作为民粹主义最为活跃和影响最为深远的地区，在对拉美地区政权交替和政治变革的研究中，民粹主义是一个不可回避的概念。由于一大批具有鲜明民粹主义特色的政府、政党和政治家的出现，在多数拉美国家政治生活与经济发展中，民粹主义逐步成为一个专属标签和独特色调。拉美地区的民粹主义热潮以乌拉圭的新巴特列主义、阿根廷的庇隆主义、委内瑞拉的查韦斯主义等为代表，其中庇隆主义被称为拉美民粹主义的典型。庇隆主义的核心理念是“正义主义”，其宣扬“第三立场”，即“在资本主义和社会主义之间，在理想主义和物质主义之间，在个人主义和集体主义之间”的立场。与此同时，庇隆主义将“经济独立”、“政治主权”和“社会公正”作为胡安·庇隆施政的基石。“经济独立”旨在强调国家对经济的干预和掌控，提升工资和福利待遇，追求社会公平和平等；“政治主权”意在抵御外来的侵犯和干涉，力争实现国家独立自主和自我发展；“社会公正”呼吁改善工人阶级的生活状况，赋予其相应的权利。

在阿根廷的政治、经济和社会生活中，庇隆主义都展现出了独特的策略，而拉美地区民粹主义理论正是对庇隆主义的“叠加”或“复制”，其基本特征可概括为：第一，推崇强人政治。拉美民粹主义热潮背后始终有卡里斯玛型政治人物的存在。任何政治革命和社会运动都不能缺少领袖，缺少领袖，民众就不可能独自引领自己的工作。政治强人意图利用个人魅力动员社会民众，而不借助于制度和社会组织。在拉美民粹主义热潮中，政治强人一方面通过宣扬社会不公，引发民众危机意识，造成社会阶层间的对立，诱发民众对社会不满，从而为获得上台执政赢得民心；另一方面通过向民众许诺高福利政策和大幅度提升社会工资水平（以巨额财政赤字为代价），获得民众对其的长久支持。第二，反对寡头政治。从某种意义上讲，拉美的民粹主义运动是由新兴政治精英发起的一场改良主义的尝试。从19世纪末到20世纪初，拉美多数国家都已摆脱欧洲殖民统治获得独立，但受欧洲议会民主制的影响，大多数拉美国家形成了以寡头制为主要特征的有限议会政治。伴随资本主义经济的进一步发展，新兴的政治力量开始向传统的寡头政治发起挑战，但受制于体制的制约，新的政治精英借助于体制外的群体，即民粹主义运动。第三，坚持国有化导向。在经济上“对于强大的、干预型国家的重视与依赖”，倡导进口替代工业化和扩展性经济政策，提高国家资本。第四，实践中的社会底层取向。倡导以城市工人阶级为主体构建跨阶级的社会联盟，实施免费教育和全民医疗保障等社会保障福利政策，努力消除社会不平等现象。

3. 民粹主义的最新形态

民粹主义的最新形态主要指20世纪后期以来在欧美等发达国家出现的一股新民粹主义热潮。21世纪以来，这股新民粹主义热潮在欧美等发达国家呈现愈演愈烈的态势。从美国视角来看，茶党运动、占领华尔街运动和特朗普当选美国总统，这些都与民粹主义有着千丝万缕的联系。从欧洲视角来分析，主要的资本主义大国英国、德国、法国和意大利，以及资本主义小国荷兰和奥地利等，出现了各种“民粹主义政党”与“疑欧”势力，他们迅速崛起并得到了广泛支持，一些成了执政党，一些从先前的边缘地位摇身转变为重要政党，民粹主义在整个欧洲大陆迅速扩散。

本轮新民粹主义热潮“把大众动员作为自己的政治基础，以欧洲右翼政党的崛起作为主要典型，与西方占主流的自由民主理念及其相关制度设计呈现颇为复杂的关系”[①]。民粹主义有左右两种表现形式。一般而言，左翼民粹主义仇视富人，右翼民粹主义批判建制。左翼民粹主义以反资本、反精英、反自由贸易为主要特征，主张平等地共享社会经济发展的成果；右翼民粹主义以民族主义和爱国主义为主要特征，主张保护自由贸易，维护本国和本民族的根本利益以及文化特征，反移民、反难民、排斥外来宗教和外来文化。从现实来分析，右翼民粹主义的崛起由各种因素促成，其中最为关键的因素是全球化进程的冲击。一方面，全球化进程促使民族国家内部出现了全新的两极分化态势；另一方面，全球化推动了世界经济政治秩序和格局发生深刻的变革和重组。面对这种态势，西方民主制并未能够完全解决国家内部所存在的问题和成功应对来自世界秩序重组所带来的挑战，无法提供应对全球化的合理方案。诚然，右翼民粹主义崛起的根本原因在于精英体制失效，在对国内和国际治理过程中策略失当。与此同时，西方民众对精英体制质疑越来越多，西方文化价值的吸引力和感召力在减弱。中国学者周穗明指出：“民粹主义，无论左与右，都属于非理性的极端主义思潮，极具破坏性，并缺乏建设性。”[②]表明任由民粹主义主导政治决策，将会带来巨大的政治风险。当前，右翼民粹主义的崛起可能诱发极端民族主义，从而妨碍全球化进程；可能冲击西方民主制，引发西方精英民主体制危机；可能引发不可预测的国际风险，这主要由右翼民粹主义的非理性特点决定的。

2016 年美国总统大选是右翼民粹主义崛起的典型例子。美国媒体一针

---

① 刘小龙：《民粹主义的形态演进及其解释路径》，《理论与探索》2016 年第 6 期，第 56 页。

② 周穗明：《21 世纪民粹主义的崛起与威胁》，《国外理论动态》2016 年第 10 期，第 9~10 页。

见血地指出，美国社会的民粹化生态在此次大选中显露无遗，美国民主正在逐步走向民粹政治。虽然民主社会主义者桑德斯的左翼民粹主义主张吸引了大量年轻人支持民主党，但更令人震惊不已的是右翼民粹主义的“特朗普现象”。特朗普提出了反移民、反国际贸易、反“政治正确”和“美国第一”等一系列主张，并由此赢得了越来越多美国人的支持。特朗普从一个被美国整体持有“左”倾思想的媒体一路抹黑的小丑、一个“打酱油”的娱乐角色、一个从来没有任何从政经历的商人，一跃成为共和党的唯一候选提名人，成为众多美国人心目中的“新”里根或罗斯福。特朗普有意把自己塑造为反精英、反建制的英雄人物，从而激发和调动美国民间的右翼民粹主义情愫。

二、民粹主义思潮的基本内容

纵观民粹主义思潮一百多年的发展历史，尽管其在不同时期有不同的表现形态，但其所包含的基本内容大体相同，而且随时代的发展在不断充实。

（一）坚持“人民至上”

民粹主义主张极端平民主义，反对精英主义。民粹主义通常打着“人民”的旗号否定精英阶层在社会发展中的作用。英国著名学者保罗·塔格特曾经指出，民粹主义者的言语中充满了对头脑敏锐的知识分子、官员和富人的诋毁。对于民粹主义而言，“人民”具有特殊的意义，它是民粹主义的逻辑起点和核心要素。在民粹主义语境中，“人民”是个抽象的整体概念，特指社会中下层人民。这些占据人口绝大多数的社会中下层人民是“人民”的全部，而社会精英群体则被排斥在外。

在民粹主义的话语体系中，“人民”这一概念将占有社会多数资源的精英阶层排斥在外，而把占据人口多数的社会中下层人民视为“人民”的全部。事实上，民粹主义的“人民”并不完全是这个社会中最贫穷、最低等之人，而一定是诸如农民、工人和手工业者等一批被社会边缘化的人。再者，民粹主义极力推崇“人民”至上，这与其对占人口绝大多数的社会中下层人民的认可密不可分。一方面，民粹主义坚信社会中下层人民是社会前进和进步的重要推动力，代表着一种极其崇高和有素养的生活方式和价值诉求；另一方面，民粹主义将社会中下层人民作为维系其政治统治合法性的基础和源泉。鉴于此，民粹主义者通常以“人民”的代言人身份出现，在实践活动中表现出一种强烈的社会责任感，宣传口号中彰显出“为民请命”的色彩，以此对抗社会精英统治带来的不公和腐败现象。再者，民粹主义认为，社会中下层人民属于被边缘化的、受剥削和压迫最为严重的阶层，他们所具有的抗争意识是对抗社会不公的中坚力量。

（二）倡导直接民主

民粹主义倡导直接民主，即“大民主”，要求普通民众直接参与政治决策过程，反对建立在间接民主基础上的代议制民主。

民粹主义信仰“人民”，主张“人民”主权，这与现代民主对人民主权归属的主张相统一。但在如何落实人民主权的问题上，民粹与民主的主张大相径庭。现代民主认为民主体现在“选民”选出的代表身上，而民粹主义则认为这些代表不能代表人民，他们属于社会精英或精英的追随者。民粹主义通常强调多数人的直接行为，常常会避开民主的制度性和规范性渠道，进而直接向现行民主制度发起挑战。而代议制民主则主要借助于法律和制度规则来调控政治行为，运用权力和法制体系限制多数人的权利，从而保护少数人的权利。由此可见，民粹主义民主和代议制民主的一个明显差别就在于权力的获取是以何种方式实现的。在获取权力的过程中，代议制民主倾向于制度性的控制和约束，而民粹主义更趋向于直接的、不受约束的。

程序民主是代议制民主的一个重要标识。熊彼特指出，民主方法就是个人有权利决定通过竞争争取人民投票的方式做出政治决策的制度性安排。[①]

---

① ［美］熊彼特：《资本主义、社会主义与民主》，商务印书馆，第395~396页。

时至今日，西方民主制已经形成了一个更为复杂的程序民主。然而，在民粹主义看来，这些复杂程序的民主是精英民主，而不是“人民”民主。与代议制民主一样，民粹主义也将“多数原则”作为行使权力的基础。而在现实的政治运作中，代议制民主推崇的“多数原则”尽管受到一些质疑，但被普遍接受。代议制民主重在借助宪政法治体系或权力制度的系统制约多数人的行为，以确保少数人的权利。

民粹主义坚持“纯粹的、绝对的民主”，公开反对和批评代议制民主的标志性成果，诸如自由目标和宪政限制。在政治实践中，否定宪政法制体系，坚持“‘人民’的意愿就是法律”的理念。民粹主义者主张政治应以“人民”的直接表达为依托，而代议制民主不能满足这种需求。因此，民粹主义的价值理念更倾向于诸如全民公决这种更为直接的民主形式，并认为其有更高的合法性，应该取代现行的代议制民主。此外，民粹主义反对代议制民主的另一个标识是“选民无用论”。民粹主义者认为，选民是被操纵的选民，并不能真正代表“人民”的意愿。这成了民粹主义通过大众的直接参与改变现行政治状况的逻辑依据，诸如全民公投。事实上，这种行为是民粹主义规避现行民主体制和程序的典型做法。最后，民粹主义反对代议制民主的又一特点是反建制主义。在民粹主义看来，代议制民主的中介机构，诸如议会、政党和利益集团等，已经背叛了“人民”的意愿，蜕变为部分人谋求自身利益的工具。因此，民粹主义者呼吁建立“追随者—领导人”的关系作为代议制民主的替代品，否定代议制机构和宪政法律体系的合法性。民粹主义直接否认西方宪政体系中的权力制衡的合法性，主张“人民”的权力。诸如，特朗普在竞选总统演说中经常使用“人民”“美国人民”的称呼，其目的在于绕过现有的民主化政治建制，呼吁“人民”给予其支持。

（三）反对精英主义

反对精英主义是民粹主义的历史使命。民粹主义所认为的“精英”是指由存在于社会中的少部分贪婪的、邪恶的、对国家有害的人组成的群体或共同体。在政治实践中，这一小部分“精英”可以是金融家、银行家、垄断资本家和当权派，也可以是知识分子等。

民粹主义天生具有反精英主义的情结。这源于民粹主义坚守“人民”至上的价值观，在建构理想化的“人民”之时，也建构了“人民”的对立面，即大人物、权贵等，因此天生具有反精英主义情结。从这个视角来分析，可以说民粹主义与精英主义是一对相互对立的价值观。

中国学者佟德志指出，民粹主义在“人民”的基础上搭建起来的主体逻辑产生的直接后果是其鲜明的反精英主义立场。①事实上，民粹主义存在着一个“人民”与精英二元对立的认知观。民粹主义认为，现存的体制中存在一群腐败、邪恶、特权的精英，他们不仅不能代表“人民”的利益，而且还通过各种方式维持和扩大其特权体系，精英已经偏离普通人的真正利益，只代表自己的利益。民粹主义还认为，精英是“人民”不幸福的根源，把精英塑造为剥削和奴役“人民”的头号敌人，呼吁“人民”团结起来用实际行动从精英的手中夺回发言权。正是从“人民”与精英关系的角度出发，民粹主义号召“人民”起来对现有的权力结构和社会的主流价值观进行重塑和改造。

然而，在政治实践中，最具讽刺意义的是民粹主义表现出了两面性。一方面，抨击精英成为民粹主义候选人获取选票的一种有效手段，而对于其领导人而言更是如此。诸如，在美国大选中，总统候选人抨击和讽刺政治精英的情况屡见不鲜。而特朗普在竞选期间直接向政治精英开炮，让人们再次认识“政客”一词的肮脏和丑陋。另一方面，民粹主义希望出现具有超凡魅力的领导人。他们极端崇拜那些崛起于社会底层的道德型、传奇型、魅力型的卡里斯马式领袖，绝对不容任何人对他们心目中的“领袖”进行批评。一个具有超凡魅力的领导人，不仅是民粹主义者的依托，更是社会中下层人民的

① 佟德志：《解读民粹主义》，《国际政治研究》（双月刊）2017年第2期，第56页。

期待。在政治实践中，民粹主义政治的高度情绪化极易被具有超凡魅力的领导人所塑造和利用。

在民粹主义的发展演变过程之中，反对精英主义的观念始终存在。诸如，在拉美地区的民粹主义运动之中，卡里斯马型政治强人的出现成了民粹主义争夺权力和维护统治的一种有效策略。这体现了广大民众对现有政治安排的拒绝，尤其是对传统寡头政治的否定，暗含一种对权力精英的心理反叛。在欧美民粹主义运动中，左翼民粹主义和右翼民粹主义无一例外都认为精英控制了现行政治体制，“人民”的利益逐步被精英所侵蚀。譬如，意大利左翼民粹主义政党“五星运动”公开表示：要让所有政治人物都滚回家。而作为法国右翼民粹主义政党的“国民阵线”则指责精英为了利益出卖了国家，并表示：如果法国继续为精英所操纵，那么将面临衰亡的危险。

（四）鼓吹道德至上

民粹主义者认为，道德只存在于社会底层的大众之中，鼓吹革命道德高于法律、高于程序。他们认为，群众运动具有天然合理性，社会底层的裁决就是正义。他们甚至还认为，只要是“革命行动”，即便是杀人放火也是正义之举。

现代民主政治提倡法治精神，要求用法治保障人民的权利。一旦放弃了法治，人民的基本权利就无法保障，民主就无从说起。在一些特殊情况下，法治与民主之间会存在矛盾，但民主并不会只根据多数人民的意志而忽视法律制度的重要性。在现代民主政治实践中，借助于民主程序可以对法律进行修补，使其能够反映多数人民的意愿，但这并不意味着多数人民的意愿就可以僭越民主的程序。在现代化民主政治的发展过程中，法律制度与程序的完善意义重大。一方面，在很大程度上能防止权力的腐败和过度使用；另一方面，能够确保多数人民的基本权利。与此相对应，民粹主义则认为多数人民的意志高于法律和制度。民粹主义认为，“人民”不仅在政治上具有最高的合法性，在道德上也是最纯洁、最高尚的，因此，能够以“人民”

的名义对任何事情进行审判。正是民粹主义对“人民”认知的偏差，促使他们以“人民至上”为旗号，在政治实践中鼓吹“人民专制”。由于民粹主义将“人民”视为天然的、唯一的合法性来源，因此他们热衷于依赖于民众，时常以民意自居，意图绕开现行的体制和法律制度，以对抗法治，认为任何机制都无法监督、制约“人民”。由于缺乏监督与制约，也排斥对于“人民”意愿的反对声音，民粹主义在实践中很容易走向极端并且导致最终的决策失误。

民粹主义秉承“人民至上”的价值理念，认为“人民”是至高无上的存在，社会无须对“人民”进行任何的监督、制约和约束。然而，在现行的政治实践中，在不受法制制约的前提下，公权力不仅会滋生腐败，而且会导致权力滥用，甚至给一些别有用心之人通过规避法律来掠夺经济和社会资源提供了机遇，并由此引发社会不公和践踏民主的现象。这与民粹主义所追求的目标并不吻合，也暴露出其所鼓吹的道德至上的不足。

除上述内容之外，民粹主义还主张“均贫富”，要求结果均等。为此，可以不惜以无偿没收和抢劫等暴力手段达到均富。此外，针对社会变革，民粹主义热衷于暴力革命和推倒重建，极力反对渐进改良。

三、民粹主义思潮的评析

中国学者俞可平指出，民粹主义既是一种政治思潮，又是一种社会运动，还是一种政治策略。作为一种政治思潮，民粹主义的基本含义是其极端平民化倾向，即极端强调平民群众的价值和理想，把平民化和大众化作为所有政治运动和政治制度合法性的最终来源，以此来评判社会历史的发展。它反对精英主义，忽视或者极端否定政治精英在社会历史发展中的重要作用。上述关于民粹主义的定性是目前国内学界普遍接受的、具有权威性的界定。民粹主义有其自身的产生、发展和演变历史，从推动历史发展的视角来分析其积极意义和负面效应，负面效应无疑占绝对主导地位。

民粹主义秉承“人民”至上的价值理念，突出强调“人民”大众在社会历史发展进程中的作用，把“人民”大众的所思、所想和所求作为其行为的出发点，充分肯定“人民”大众的首创精神。从重视人民群众在历史发展中的作用来分析，民粹主义的主张无疑具有积极意义。与此相对应，民粹主义极力反对精英主义和精英政治，这种源自底层社会的集体意识，具有极端的反智主义倾向。同时，民粹主义具有强烈的“仇富”和“仇官”倾向，即仇视财富精英和权力精英。在当今西方民主制度框架之下，政治发展日益精英化，精英集团愈加国际化和渐趋利益化成为一种趋势，主流政党和政治精英均被利益集团和大资本家所控制，而广大民众则被遗弃。在民粹主义思潮的影响下，主流精英所秉持的“政治正确”已不得人心，而民粹主义者则表达了民众的心声，逐步掌握了制造社会议题的能力。民粹主义意图抹杀精英阶层在人类历史发展进程中的作用，片面追求对“人民”意愿和呼吁的绝对顺从，从长远来看，这种做法显然不利于社会的进步。此外，民粹主义宣扬极端平民化，试图借助于“人民”的普遍运动来对其实施操作和控制。无论从人民大众的利益还是社会发展的利益来考量，民粹主义的消极意义显而易见。

说到底，民粹主义就是一种“草根民主”，是社会底层人民对社会价值和权力结构的一种政治诉求。民粹主义主张极端的平民化，将全体“人民”作为其行为的出发点。这就决定了民粹主义与现代民主政治具有千丝万缕的联系。在政治上，民粹主义倡导直接民主、普遍的群众参政和广泛的政治动员，极力反对精英政治、阶级政治和专家治国，反对扩大政府的权力等。从这个视角来分析，民粹主义的主张与民主主义在主权在民和人民统治这点上具有相同性。

民粹主义主张“人民”统治，认为政治精英永远是腐败的，实现真正的“人民”统治只有依靠直接民主。民粹主义所追求的直接民主，强调全体“人民”的普遍参与，把全体“人民”作为所有行为的唯一合法性来源，这必然要求在全社会进行广泛的政治动员，把全体平民纳入统一的政治过程之中。

在政治实践中，这一政治过程面临巨大风险，有可能引发政治专权或权威主义。其原因在于：出于各种目的的全民总动员要保持其长期性，必须借助于非民主化的手段，诸如具有煽动性的宣传。而在特殊状况下广大人民很难形成理性的和非情绪化的共识，这极有可能被别有用心的政客所利用，从而成为政客专制独裁的工具。民主和民粹之间具有一定的相关性。西方近现代民主主张人民主权和多数人统治，但其前提是必须保护少数人的权利，因此在宪法和法律的框架下实现理性有序的政治参与和政治决策机制是现代民主的重要标识。与此对应，民粹主义追求一种非理性的全民政治参与或非制度性参与，其以破坏法治、扰乱正常的社会秩序和肆意践踏人权为主要特征。由此可见，要想将民主和民粹区分开来并非易事。在现实政治生活中，一些别有用心的政治家会以民主为幌子宣传民粹，极力煽动民粹主义，以实现政治阴谋，从而给国家和社会带来沉重的灾难，譬如法国大革命时期雅各宾派实施的专制暴政就是典型代表。然而，一些真正专制的独裁者通常则会把正常的民主参与称作是民粹主义，控制社会舆论，通过各种方式锁死正常的民主参与渠道。从民主发展角度而言，民粹主义的主张显然不利于现代民主政治发展。

从社会经济发展的角度而言，民粹主义最终会严重危害国民经济的发展。学者俞可平指出，当民粹主义领袖将其政治主张扩展到经济领域时，民粹主义政治便转为民粹主义经济，或者称作“经济民粹主义”。依据拉美地区的发展经验，经济民粹主义的典型特征可以概括为以下几个方面：推行强制性就业政策；实施地区性自给自足和强制性工业化的进口替代政策；支持公有企业，歧视私营企业，限制外国企业；利用预算赤字刺激国内需求，通过价格控制增加名义工资以影响收入再分配。就短期而言，民粹主义的政治集权与政治动员活动，能够有效调动社会经济资源，从而推动经济明显增长。但从长远来看，民粹主义政权将会严重阻碍国民经济的快速发展。一方面，民粹主义反精英的政策，严重挫伤了社会精英阶层的生产积极性和创造性，进而导致大批精英外流，使社会经济一度缺乏活力；另一方面，采取诸如发货币、滥用资源等短期经济行为，能达到经济短期增长的效果，但损害了国家经济的长期发展。再者，在全球化时代，民粹主义推行狭隘的排外政策，必然会导致对外经贸关系的恶化，从而有损国民经济的发展。

从维护社会稳定的视角出发，民粹主义危害社会团结，破坏公共秩序。民粹主义的“人民”至上理念和反精英主义政策引发民众普遍的仇官、仇富心态，最终导致普通平民与社会精英的完全对立。社会不平等是民粹主义兴起的重要原因之一。然而，民粹主义的反精英政策反而引发了新的不平等，社会精英遭受了不公正的待遇，从而产生新的社会阶层分化与不平等。在此背景下，平民阶层与精英阶层在几乎所有重大问题上都会有严重分歧，很难形成社会共识，这将从根本上撕裂社会。从本质上讲，民粹主义是反对法治和现有的政治秩序。民粹主义情绪极易被一些政客利用，他们鼓动广大民众走上街头，公然与政府对抗，违反现行法律制度，破坏社会公共秩序，从而使社会局部陷入无政府状态，严重影响正常的社会生活。

民粹主义有转化为极端民族主义的风险。民粹主义本质上是对内的而不是对外的，民族主义或爱国主义只是它的一种变异形式。一方面，民粹主义追求广大民众的统一性和整体性。在遭遇外敌威胁之时，这种价值理念极容易转变为强调民族统一和民族认同的民族主义，要求抵制和对抗外部力量的入侵。另一方面，民粹主义以追求绝对平等为诉求。这是任何一个社会都会存在的、朴素的民众情绪表达，如果要形成一种社会思潮或社会运动，则需要以其他主义为旗帜。而民族主义与民粹主义的相同之处正好为此提供了方便。民族主义借此将民粹主义对国内现实不满的反社会行为伪装成民族主义行为。此外，民粹主义崇拜强人政治，而缺乏统一组织的广大民众则需要强人来凝聚和引领。由此，以盲目排外为特征的狭隘民族主义就得以形成，对执政者的内外政策构成了巨大压力。

民粹主义将对世界政治的发展产生深刻影响。当前，从欧亚的发达国家到新崛起国家，再到拉美地区，伴随着全球化进程的加速，民粹主义正在悄然崛起于世界政治舞台。在欧洲，民粹主义主要表现在移民问题上的排外情绪和种族主义思想蔓延，以及民粹主义政党和极右翼势力在政治上崛起，并吸引越来越多的选民。在亚洲，日本右翼民粹主义趋势日趋凸显，右翼元老和新生代的保守策略渐趋明显。此外，印度民粹主义政党国大党有重新崛起的态势。在拉美，具有民粹主义特色的左翼政党试图夺取国家政权。伴随着全球化进程的推进，民粹化现象将对世界政治的发展产生更深层次的影响。

民粹主义借助于互联网“兴风作浪”，与网络结合催生网络民粹主义。网络民粹主义是民粹主义的最新表现形态之一，以对抗精英和政府为基本目标，其价值观具有极端性，情感具有煽动性，参与的群体具有模糊性，传播的路径具有发散性。在一系列公共事件中，网络民粹主义起到了推波助澜的作用。在网络民粹主义的话语体系下，一件普通的事件被标签化和妖魔化。网络民粹主义通过扣帽子、散布谣言、制造谎言等手段夸大和扭曲事实，利用渲染、煽动甚至漫骂和威胁等方式压制不同声音，最终制造声势浩大的网络民粹主义事件。

四、民粹主义思潮的应对与消解

（一）当代中国的民粹主义

在中国革命和建设历史上，民粹主义以不同的形式和独有的特征影响中国革命和建设的进程。譬如左玉河在论述辛亥革命时期中国的民粹主义时指出，幻想从落后的农业国跳过资本主义工业化阶段直接过渡到社会主义，是中国近代民粹主义的最重要特征。[①] 而程霞和任燕妮则指出，五四时期的民

① 左玉河：《论辛亥革命时期的民粹主义》，《史林》2012年第2期，第115~127页。

粹主义始终以与无政府主义思想相混合的形式表现出来。[①] 而在新民主主义革命和社会主义革命建设时期，更多是关于民粹主义问题的相关争论。

当前，民粹主义在中国社会的最直接表现形态就是网络民粹主义。“网络民粹主义是一种以网络为传播工具，对社会散播反对政党、反对体制、反对现代化的激进平民思想。”[②] 作为一种大众传播媒介和交流平台，网络的出现打破了时间、空间和地域的限制，汇聚了具有强大能量的网民力量，为广大民众提供了宣泄与交流的场所，也为广大民众表达诉求打开了方便之门。在互联网世界里，所有参与者不分身份、地位、年龄和职业的差异，都可以直接参与进来，都拥有了话语权，可以代表自己，可以畅所欲言，可以直接参与社会生活。这是网络民粹主义最突出的特点之一，即参与的直接性。

网络民粹主义的第二个特点是极端平民化倾向。民粹主义者经常借助于互联网，利用民众的共识心理，散播极端化的思想，使其变得极端化和暴力化，而互联网可以匿名的特点让他们规避社会责任。极端平民化倾向最典型的表现是网民对权力和精英阶层的不满、对立和仇视。在一系列网络公共事件中，如果涉及官员、富人等强势群体和权势阶层，网民们会一边倒地支持平民，极力维护平民的利益，否定、贬低甚至是唾弃精英等强势社会群体。可以看到，很少有网民能理性地分析事件本身的是非曲直，网络上仇官、仇富和仇权的负面心态比比皆是。与此同时，与传统媒体对社会精英群体的正面报道不同，网络上有关社会精英的信息多是负面信息，诸如官员的丑闻、仗权欺民的事件等。网民也借助网络表达对社会精英群

---

① 程霞、任燕妮：《马克思主义与当代社会思潮》，西安电子科技大学出版社，2016 年 12 月版，第 156 页。

② 闵长虹：《民粹主义的变迁、危害及防范》，《党政论坛》2012 年第 3 期，第 33~34 页。

体的不满。诚然，网络民粹主义对那些言行失当的官员、知识分子和富豪进行抨击和谴责无可厚非，但不可走向极端，以偏概全。“问题精英”或“问题官员”不是全体精英和全体官员。互联网上诸如“当官的没有好东西”“凡商必奸”“凡官必贪”等相当偏激的观点随处可见。这正是网络民粹主义极端化特点的体现。

网络民粹主义的第三个特点是非理性导向。在网络舆论中，由于知识水准的制约以及信息来源的匮乏，大多数网民对于公共事件的判断更多地依靠他们的生活常识和直观认识，习惯于简单化和泛道德化的思维，只要涉及强势群体或精英阶层，如政府官员和富豪，民意就呈现一边倒的否定评价，从而呈现情绪化与非理性的特点。

当前，网络民粹主义在我国呈现野蛮生长之势。以互联网为平台，民粹主义的传播具有草根性、隐蔽性、时效性和扩散性特点。在我国处于大变革和转型的背景下，社会利益关系不断调整，贫富差距和一些民生问题凸显，如食品安全问题、道德失范问题、城乡差距问题、环境污染问题、官员腐败问题、医患纠纷问题等，这一切都是滋生网络民粹主义的温床。部分网民在讨论和传播上述信息时，罔顾事实真相，信口开河，有意混淆视听，造成人们判断和认知上的错误，从而引发网络暴力事件。部分网民打着保护弱势群体利益的旗号，否定其他社会群体的正当利益和诉求，造成广大民众和社会精英的对立。除此之外，各种自媒体也在推波助澜，煽动民粹主义。这些言论和非理性声音在客观上起到了激化矛盾和撕裂社会的作用，不利于社会的稳定、和谐与发展。

（二）中国民粹主义思潮的应对与消解

当前，在民粹主义思潮在全球日益泛滥的状况下，要对民粹主义极端化的危害给予清醒的认识，对新一波民粹主义浪潮的不断外溢高度重视，积极防范民粹主义对新时代中国特色社会主义建设进程的干扰，尤其要重点防范其与我国当前社会转型期存在的各种矛盾的融合与共振所引发的社会动荡和不安。对民粹主义思潮的危害性，不仅要加以严厉批判和揭露，更要探索、消除引发民粹主义的因素，运用习近平新时代中国特色社会主义思想加以引领，利用民主和法治的手段从根源上消除民粹主义滋长的温床。

第一，正确引导民意，消除民粹主义产生的温床。贫富差距过大、社会不公正、政治上的腐败、政府的不作为等因素是民粹主义产生的直接原因。作为一种比较复杂的社会现象，民粹主义表现出了两面性的特征。譬如，一方面追求绝对的公平、公正，另一方面又向往乌托邦式的平均主义；一方面对社会不公现象具有强烈的批判意识，另一方面又具有无政府主义的潜质；一方面谋求直接的民主，另一方面又诉诸集体的暴力手段；等等。当前，新时代中国特色社会主义建设正迈入重要的机遇期，经济社会发展面临一系列新问题，必须确保改革和发展的成果惠及下层民众，以防止社会情绪的激进化；必须彻底消除改革进程中出现的一些消极现象，加大力度解决具有普遍性的民生问题（诸如农村人口进城之后的生存问题、农民工子弟的入学问题等），力保广大民众的利益，消除民粹主义产生的温床，铲除社会对立与冲突的隐患。如若未能解决这些突出的问题，民粹主义就会对此大做文章，借助民众力量将民生问题转化为政治问题，引起社会的动荡，影响社会主义和谐社会的建设。因此，在社会转型期，建立健全民情民意的分析机制和表达机制是争取民众支持、化解民众激进化情绪和防止民粹主义激进化的一项重要手段，要对群众的心理进行研究和分析，要对群众进行有针对性的引导和教育，逐步消除社会的不稳定情绪，确保社会主义和谐社会建设稳步前行。

第二，加大宣传教育，揭露民粹主义的本质。要充分认识意识形态领域工作的重要性,通过对民众的宣传和教育使他们认清民粹主义的本质和危害，自觉抵制民粹主义。民粹主义是一个复杂的多面体，其既有进步的、积极的一面，又有落后的、消极的一面。在对外宣传中，民粹主义正是利用其进步的、积极的一面掩盖其落后的、消极的一面，从而达到蛊惑广大民众的目的。

据此，我们必须牢牢把握意识形态的主导权，加大宣传力度，发挥好舆论导向作用，以正面宣传为主，把弘扬社会主义核心价值观作为主旋律，积极传播正能量。通过宣传教育，努力使广大人民群众进一步认清民粹主义的本质，同各式各样的民粹主义势力进行坚决斗争。

第三，规范网络空间，切断民粹主义的传播渠道。网络民粹主义是伴随互联网的发展而出现的一种社会思潮，它以互联网为媒介，并以互联网为政治参与的形式和政治动员的工具。简言之，它是互联网和民粹主义的融合体。网络为民粹主义的传播提供了渠道和空间。当前，由于网络法制还不够健全，民粹主义利用网络自由、开放的空间肆意妄为，产生了极其恶劣的影响。网络恶搞、人肉搜索、山寨文化以及炮轰等现象层出不穷，这是缺乏对网络信息的引导和控制的结果。因此，培养理性的网民就成为切断民粹主义传播的重要手段。一方面，要利用网络空间传播有关互联网的法律法规，让网民在言论表达时自觉树立自律、自控和法律意识，教育网民用理性的思维去分析和解决问题，拒绝成为网络民粹主义的传播者；另一方面，要构建有效的网民政治参与和权益表达渠道，创造网民理性探讨社会议题的良好氛围，打造健康、和谐的网络氛围，以理性的探讨均衡非理性的冲动。总之，通过宣传和教育等手段培养具有理性和责任意识的网民，能够有效扼制民粹主义的生存和传播空间。

第四，完善治理策略，强化对民粹主义的治理力度。首先，从战略思维角度分析，在治理战略上要以引导和疏导为主，以习近平新时代中国特色社会主义思想为引领，加大对社会主义核心价值观的宣传和教育力度，消除民粹主义所带来的冲动和盲从。其次，鉴于网络民粹主义愈演愈烈的态势，要以治理网络民粹主义为重点，完善网络法规，净化网络平台，弘扬积极的网络文化，扼杀民粹主义传播的空间。再次，在治理方法上，要避免千篇一律，要因人制宜，要有的放矢。譬如，要以达到民众完全满意的标准回应广大民众的合理诉求，以积极的姿态回应广大民众的权益表达，构建有效的民意诉求和表达渠道；对于因个人言论不当而引发的民粹舆论，要实施问责机制，努力把负面影响限制在最小范围内，防止民粹舆论扩大化。最后，在治理机制上，要整合宣传、教育与法律等部门的资源，多措并举，多点发力，形成对民粹主义思潮有效治理的合力。

第四章

历史虚无主义思潮评析

历史虚无主义思潮近年来暗流涌动，表现形式日趋复杂，蔓延途径逐渐增多。该思潮以“揭示历史真相”“维护历史公平与正义”为幌子，肆意歪曲、篡改、捏造历史事实，尤其是企图抹黑近代以来中国革命与建设的发展历程，否定中国特色社会主义制度，误导社会认知，已然构成了对我国文化安全的严重威胁。同时，历史虚无主义思潮具有较强的隐蔽性、渗透性和欺骗性，必须持续、深入对其进行批判与斗争，消除其不良影响，进而端正全民历史观，增强“四个自信”。

一、历史虚无主义思潮的发展演变

“历史虚无主义”一词虽然产生于21世纪初，但其本身作为一种唯心主义性质的思潮源远流长，被普遍认为源于近代的虚无主义哲学与当代的后现代主义史学。19世纪末，德国哲学家尼采在晚年所著的《权力意志》一书中较早阐述了“虚无主义”的概念，认为世界是不客观的，其价值在于人们的种种“解释”，“世界的价值就在于我们的解释；我认为过去的解释都是远景式的估计……任何已取得的提高和权力的扩大都会打开新的远景……与我们相关联的世界是不真实的，即不是事实，而是建筑在少量观察之上的膨胀和收缩”[①]。因此，世界是处于一种不断“流动”、不断“推演”的状态，“是从来不曾达到真理的假象，因为——没有什么‘真理’”。至于一切现存事物和历史，同样也总是不断被“掌握权力的人”改头换面，在“征服与战胜”中被重新解释与正名，其以往的意义和目的不可避免地被掩盖甚至面目全非。“一件‘事’，一个器官，一种习惯的全部历史可能就是一串不间断的锁链，连接着各种重新解释和重新正名，至于这些解释与正名的起因本身并没有相互联系的必要，相反，它们的相继排列、相互交替只不过是偶然

---

① ［德］尼采：《权力意志——重估一切价值的尝试》，张念东等译，商务印书馆，1991年版，第205页。

的因素使然。”[①] 基于上述认知，尼采将虚无主义归结为“使至高价值成为无价值”，也就是否定一切价值判断、一切理性与真相，“使世界特别是人类生存没有意义，没有目标，没有可以理解的真相和本质价值”[②]。

尼采所宣扬的虚无主义和非理性主义深刻影响了20世纪下半叶风起云涌的后现代主义思潮，以至于被哈贝马斯视为“后现代主义的开端”。虽然学界目前对于后现代主义尚未有明确界定，但对其基本特征已有共识，即“质疑”与“解构”。20世纪60年代，雅克·德里达等哲学家提出并完善“解构主义”理论，认为对于现存的一切体系、标准与原则均应持怀疑与批判态度，一切固有的确定性，既定界限、概念、范畴等都应推翻，主张不确定性、多元与多变，强调断裂、模糊性与随机性。[③] 这一具有虚无性质的理论构成了后现代主义思潮的内核。在史学领域，后现代主义的冲击与影响最为易见。从积极影响来看，后现代主义史学提出的新理论、新方法推动了历史学在研究范式、理论概念、主题内容等方面的革新。究其要点，一方面出于对现有历史观及叙事方式的反思，米歇尔·福柯等人开始关注以往宏大叙事中被忽视的事件或群体，如精神病人、罪犯、劳工、妓女等，倾听“沉默的声音”，从当事人的角度来还原和解读历史，“微观史”“日常史”“性别史”研究由此风行，也就是所谓的“历史研究兴趣的转移”；另一方面，出于对“语言”能否表达“真相”的质疑，米歇尔·福柯、弗兰克·安可斯密特等人不再将史料与历史著作视为中立、客观、权威的存在，而是由国家权力、政策制度、社会结构以及历史学家主观情感、学识水平、文笔文风等多重因素共

---

① ［德］尼采：《论道德的谱系》，周红译，生活·读书·新知三联书店，1992年版，第56页。

② 于沛：《后现代主义历史观和历史虚无主义》，《历史研究》2015年第3期，第9页。

③ 包亚明：《在语言与现实之间》，上海远东出版社，1998年版，第137页。

同建构出的“文本”，倡导发掘文本的形成过程以及隐藏在文本背后的价值与意义，进而揭示更多历史真相。这种取向也启发了历史研究者可以从语言艺术的角度去重审史料、文献，关注语汇、概念、文化符号的建构，同时重视非传统史料如图像、广告等的运用，分析文献与史实之间的趋同、分离及影响因素，并且使用更为准确严谨的语言来完成著述。

毋庸置疑，后现代主义史学大胆质疑人们耳熟能详的历史知识、观念与框架，重新思量习以为常的是非、对错等评判标准与定义，一定程度上揭示出了以往鲜为人知的历史面相，为史学研究注入了新鲜血液，并为未来发展提供了诸多可能。不过，正如列宁所言“只要再多走一步，哪怕是向同一方向迈的一小步，真理便会变成谬误”，后现代主义史学在骄傲、急切地摒弃传统史学框架体系的同时，自身也出现了若干难以克服的致命缺陷。

首先，否定历史的客观性，否定历史规律的存在。历史本身不可重复、不可再现，直接认识历史几乎不可能实现，人们往往使用解读史料的方式还原历史。由于解读过程中不可避免会掺入个人情感与喜好，因此历史著作与其说记录的是历史进程，不如说记录的是著述者对历史进程的感知与理解。如美国历史哲学家海登·怀特在《元史学：19 世纪欧洲的历史想象》中所指出的：“史学在很大程度带有语言学性质，人们能够看到的只是关于历史的叙述，或者说是被历史学家阐释、编织过的历史。有多少种阐释、编织的方式，就会有多少种历史，真实的历史永远不可能被找到。‘选择某种有关历史的看法而非选择另一种，最终的根据是美学的或道德的，而非认识论的。’”① 历史的客观性与真实性被后现代主义史学消解殆尽。

其次，反对宏大叙事，刻意追求历史的碎片化。简而言之，“宏大叙事”就是将一切人类历史视为一部历史，以整个人类社会的历史演进脉络为对象

① ［美］海登·怀特：《元史学：19 世纪欧洲的历史想象》，陈新译，译林出版社，2013 年版，第 4 页。

进行设想、求证与阐述，强调历史的一致性和统一性，即美国历史学家艾伦·梅吉尔所说的“具有主题性、目的性、连贯性和统一性的无所不包的叙述”①。直至后现代主义史学出现之前，以高度整合的史实作为基石的宏大叙事构成了现代史学的观念架构，引导和规范着具体的历史叙事。②然而，从后现代主义史学的视角来看，历史发展不存在连续性与规律性，不过是一些偶然出现且稍纵即逝的事件的堆积，事件彼此之间没有内在联系、没有因果关联。只有片段的历史，没有整体的历史；只有微观的历史，没有宏观的历史。曾经被认为是“无须证明的公理”的宏大叙事也失去了合理性，“在后工业社会和后现代文化中，知识合法化的程序是以相异条件的言说来构成的。正统叙事说法已经不能奏效，无论其说法使用哪种整体系统，或属于纯粹思辨性的叙事，还是属于独立的解放叙事”③。对日常生活、边缘群体、琐碎事物等微观历史的阐释取代了宏大叙事，历史碎片化的趋势日渐明显，使得历史的真相迷失于细节、支流当中，进而失去了史学的普遍意义与真正价值。

最后，随意解读与运用史料，将历史文学化。从 19 世纪 30 年代至 20 世纪 30 年代，德国史学家利奥波德·冯·兰克等人的“客观主义史学”在西方史学界牢牢占据着主流地位。这一史学思想强调“如实直书”，力求使用档案、书信、日记以及其他原始文献等一手资料，同时对史料进行分析与批判，建立一整套史料考订与辨析的方法，保证史料的可信度。尽管客观主义史学放弃了解释历史，也没有真正做到“浩然独立、无所偏党”，但它坚持历史研究中的“求真”原则，坚持对史料进行严格的发掘、考证和编纂，

---

① 黄秋生：《马克思批判理论的逻辑进路》，社会科学文献出版社，2013 年版，第 5 页。

② 李剑鸣：《隔岸观景》，社会科学文献出版社，2012 年版，第 18 页。

③ ［法］让 - 弗朗索瓦·利奥塔：《后现代状况——关于知识的报告》，岛子译，湖南美术出版社，1996 年版，第 122 页。

追求史学的真实性与公正性，从而使历史学成为一门科学，极大地推动了历史研究的发展。但后现代主义史学抛弃了上述史学研究传统，不再刻意追求史料的真实完整，认为无论是一手史料还是二手史料都是一代又一代历史经历者用自己的语言编纂出来的“故事”。既然原始史料都在讲故事，那么在运用史料时自然可以随意取舍，对历史进程中的人物与事件肆意进行想象与发挥，甚至编织历史情节。结果导致文本取代了作品、论述取代了解释、修辞取代了实证，历史场景的重建不再以实证与批判为基石，而是和文学一样变成了“人们想象的产物”。

综合而言，以质疑、解构为精神内核的后现代主义史学完全违背了自启蒙运动以来占据主流的理性主义与客观主义史学的理论、原则和方法，甚至出现为质疑而质疑、为解构而解构的取向，使其打上了历史相对主义与唯心主义的深刻烙印。20 世纪下半叶，后现代主义史学不仅在西方史学界大行其道，对国内的历史研究也产生了较大冲击，传统的历史研究规范、马克思唯物主义史观、革命史观等遭遇理论挑战，历史虚无主义思潮也由此滋生蔓延。

学界普遍认为，我国历史虚无主义滥觞于 20 世纪二三十年代。是时，受西方文明的冲击以及民族危机的刺激，一批具备西学背景的知识分子提出“全盘西化”理论，并迅速演变成为一股不容忽视的社会思潮。这股颇为激进的文化思潮认为现代西方文明是世界文明的发展趋势，而中国的一切已经远远落后于西方，进而急切地要求对中国固有文化进行彻底改造甚至全部放弃，要挽救民族国家危难，“唯有努力去跑彻底西化的途径”，否则就只有束手待毙，成为世界发展的牺牲品。

“全盘西化”思潮对中国传统文化做了最为深刻、全面的反省，起到了抵制封建复古思潮、推动思想启蒙的积极作用。但是，它充分肯定西方文明、彻底否定民族文化与历史价值，已经染上了强烈的历史虚无主义色彩，在当时的思想界也遭到众多抵制，甚至引发“文化本位主义”与“全盘西化”的思想大论战。不过，随着新民主主义革命的发展以及新中国的建立，马克思主义史学迅速发展并广泛传播。唯物史观与辩证法成为人们观察和认识历史的基本指导，马克思所提出的关于社会经济形态、社会发展动力、经济基础与上层建筑的辩证关系等学说被广泛运用于中国古代及近代史研究，彻底改变了以往历史研究的内容框架、话语体系与论证模式。“正是马克思主义史学家第一次阐明了这些问题的重要性，这些问题从此就为越来越社会科学导向化的中国历史研究者（无论是中国还是海外的学者），提供了解决中国历史最根本问题的出发点。”[①] 尊重本国本民族历史遗产、重视史料的运用、将历史研究与革命实践相结合、探索中国历史发展和整个人类社会演进的规律等也成为史学研究的治学路径与鲜明特征，而历史虚无主义现象也由此基本被抑制。

改革开放以来，历史虚无主义思潮在新的时代环境影响下得以复生。一方面，我国社会政治、经济与文化结构发生显著变化，思想解放使得社会价值追求日益多元化，“新自由主义”“西化”等各类社会思潮暗流涌动，意识形态领域空前复杂；另一方面，20世纪80年代中期以来，先后发生苏联解体、东欧剧变等重大事件，世界社会主义运动遭遇重大挫折。国内外别有用心之人则趁机大肆批判列宁、斯大林等苏共领导人，全盘否定十月革命的历史意义，同时还将矛头或明或暗地对准了我国新民主主义革命以及新中国的历史发展进程。在这种种因素作用下，历史虚无主义思潮快速滋长，进入新的发展阶段。

新时期历史虚无主义思潮最先出现于学术研究领域。部分学者打着“还原历史”“价值中立”“理性反思”“范式转换”的幌子，完全无视唯物史观与基本的史学研究规范，以部分未经批判与辨析的零星史料甚至野史杂闻等为依据，肆意推翻经过长期研究所形成的马克思主义史学经典著作与经典论证，随意编排杜撰出一些耸人听闻的历史情节与观点来吸引眼球，如古代史领域的“中国文明西来说”，近现代史领域的“半殖民地半资本主义性质”“告别革命”论；甚至不遗余力地美化外来侵略、鼓吹清朝进步、否定农民运动、

① ［美］德里克：《革命与历史：中国马克思主义历史学的起源，1919—1937》，翁贺凯译，江苏人民出版社，2004年版，第2页。

贬低抗日战争中中国共产党的地位与作用、质疑土地革命与社会主义改造的合理合法性等。这些所谓的学术观点完全偏离了正常的史学研究轨道，带有明显的目的性与政治性。

进入21世纪以来，历史虚无主义的发展呈现新的特点。首先，逐渐日常化、大众化。历史虚无主义不再仅仅以学术研究的形态出现，而是通过电影、电视、广播、杂志等大众文化传播媒介渗透到人们日常生活各领域。大量历史题材作品无原则地迎合大众趣味与猎奇心理，通过庸俗化、娱乐化的方式对历史事件与英雄人物进行恶搞、调侃与讽刺，以期达到哗众取宠、吸引关注的目的。此类作品往往制作简陋、情节荒诞、颠倒是非黑白，轻则解构历史，重则否定党的领导、否定社会主义制度，极易误导历史知识相对缺乏的观者群体。历史虚无主义的日常化、大众化使其有了更为广阔的传播空间，渗透性与隐蔽性更强，危害更大。

其次，传播途径网络化、信息化。以互联网技术为核心的各类新媒体在提供便捷生活的同时，其本身所具备的即时性、互动性、受众广泛性以及虚拟隐蔽性也为历史虚无主义的传播提供了绝佳平台。大量历史虚无主义错误言论以极小的代价通过微博、微信、论坛、新型视频网站、电子邮件等媒介迅速扩散到社会的每一个角落，而部分网络大V、社会公知和所谓的“意见领袖”也在种种利益驱使下推送各类名为“历史内幕”“历史解密”，实为诋毁英雄先烈、抹黑党和政府的历史网文，宣传错误观点，散布流言蜚语。这类网文较之于历史虚无主义性质的学术论文、影视文学作品而言，表现得更为大胆狂妄、阴险狠毒，但极易吸引网民关注，颠覆网民认知，最终形成错误社会舆论，造成难以消除的负面影响。如何在网络空间中消除历史虚无主义的流毒已然是目前意识形态安全领域最迫切也是最棘手的难题。

最后，受众年轻化。目前历史虚无主义主要依托互联网媒体进行传播，向网民群体扩散。而中国互联网络信息中心（CNNIC）2018年8月20日发布的《第42次中国互联网络发展状况统计报告》显示，截至2018年6月30日，我国网民人数达到8.02亿，其中占比最高的就是青少年群体。[①]这也就意味着历史虚无主义的目标对象也主要是青少年。从成长阶段来看，青少年处于思想观念的形成期，对于真假是非的判断力较为缺乏，而自身又往往处在个性张扬、喜好新鲜的思想叛逆期，容易被一些与主流历史观不同的所谓新观点吸引。面对充斥着夸张、离奇色彩的历史虚无主义言论，他们更是缺乏基本的辨别力，难免受其蛊惑与侵蚀，接受虚假历史知识，形成错误历史观。其后果不仅影响青少年人生观、世界观与价值观的健康成长，更会消解他们对于民族国家历史的自豪感、责任感与自信心，导致理想信念的缺失。青少年是民族国家的希望，是社会主义事业的建设者和接班人，“青年的价值取向决定了未来整个社会的价值取向”[②]，青年兴则国家兴，青年强则国家强。青少年如果长期受到历史虚无主义的毒害，必然会丧失对民族国家历史以及社会主义道路的认同感与归属感，而中华民族伟大复兴中国梦的实现也将无从谈起。从这个角度来看，历史虚无主义思潮受众年轻化的特点尤其需要警惕。

当下，我国意识形态领域斗争日趋复杂，历史虚无主义思潮也将长期存在。只有不断深入透视该思潮的表现形式，揭示其本质特征，才能澄清历史真相，确保意识形态的安全。

二、历史虚无主义思潮的基本内容

历史虚无主义思潮的基本内容就是针对历史，尤其是中国近现代史与中华人民共和国史，进行解构、歪曲、翻案、污蔑与诋毁。历史的内容包罗万象，政治、经济、文化、社会、外交等均囊括其中，而历史虚无主义思潮的

---

① 中国互联网络信息中心：《第42次中国互联网络发展状况统计报告》，2018年7月，第20~24页。

② 中共中央文献研究室编：《十八大以来重要文献选编》（中），中央文献出版社，2016年版，第6页。

内容也纷繁复杂，且大都以短文、网文为载体，呈现“碎片化”状态，但相对集中在以下四个方面。

1. 污蔑中华民族五千年文明史，美化外来侵略

在五千年的历史发展进程中，中华民族曾经创造出了极为璀璨的文化，在哲学、数学、天文历法、医学、建筑工程等方面取得的领先世界的成就不胜枚举，是古代世界中最重要的文明中心之一。法国著名汉学家谢和耐就曾指出：“13世纪的中国在近代化方面进展显著，比如其独特的货币经济、纸币、流通证券，其高度发达的茶叶和盐业企业，其对于外贸（丝织品和瓷器）的倚重，以及其各地区产品的专门化……在社会生活、艺术、娱乐、制度和技术诸领域，中国无疑是当时最先进的国家，它具有一切理由把世界上的其他地方仅仅看作蛮夷之邦。”① 英国科学技术史专家李约瑟更是痴迷于中国古代科学技术的进步，穷其半生致力于研究中国科技史。在其经典著作《中国科学技术史》中，李约瑟通过严谨的比较研究（将亚洲与欧洲对比）与科学的论证，用无可争辩的事实证明，中华民族的科学知识至少在一千年的时间里保持着让西方世界望尘莫及的水平，“中国思想和文化模式……保持着明显的、从未间断的自发性”②。而且在中西文化交流过程中，大量中国古代科技成就在世界范围广泛传播，为人类文明的进步作出了不可磨灭的巨大贡献。

但是，历史虚无主义者完全无视上述基本常识，捏造编排资料，渲染中国文明西来论或落后论。在文明的起源方面，否认中国文明的自我生长与悠久历史，可笑地“论证”出华夏文明的形成是希伯来人与印欧人文化传播的结果，夏、商、周等奴隶制王朝都是由希伯来人或印欧人建立起来的，中华

① ［法］谢和耐：《蒙元入侵前夜的中国日常生活》，刘东译，江苏人民出版社，1995年版，第5页。

② ［英］李约瑟：《中国科学技术史》，翻译小组译，《中国科学技术史》第1卷总论第2分册，科学出版社，1975年版，第337页。

民族只是一个愚昧、丑陋与充满奴性的民族，根本无力创造文明；在文明的发展程度方面，宣称中国的落后不是从清朝中期才开始的，而是从石器时代起就一直落后于西方。中国无论是政治制度、思想文化还是民生保障体系均停滞了两千年，没有进步与创新，与英、法、德等国家相比落后了三百年至一千年，甚至达不到欧洲中世纪的水平。在从根本上否定中国文明之后，接踵而至的就是对侵华历史的美化。历史虚无主义者又借已然过时的“社会达尔文主义”等西方理论，鼓吹鸦片战争带来的不是屈辱、奴役与灾难，而是先进的西方文明，带动了中国现代化的发展，甚至举例被殖民者统治过的地方反而是中国最发达的地方，由此论证列强侵华的“合理性”。近代史上惨绝人寰的八国联军侵华、甲午旅顺屠城、济南惨案、南京大屠杀都被选择性遗忘，血腥罪恶的帝国主义侵华史被荒诞不经地描绘成了西方国家无私奉献地传递文明、拯救落后中国的历史。

2. 诋毁英雄模范

毋庸置疑，任何一个民族的生存与发展都离不开英雄人物。在中国近代波澜壮阔的革命与建设过程中也出现过很多杰出人物，如林则徐、邓世昌、李大钊、杨靖宇、董存瑞、黄继光、王进喜等，还有很多连名字都没留下的无名英雄。他们心怀凌云壮志、身负经世之才，为了国家、民族的需要奉献了包括生命在内的一切，顺应与推动了历史潮流的发展，作出了不可磨灭的贡献，从而被民众广泛认可为英雄模范。他们是中华民族最闪亮的坐标，是中华民族最坚强的脊梁，也是团结全民族不断开拓进取的力量源泉，值得永久缅怀与铭记。我们要不断弘扬英雄精神，不能让理想之光、信念之光熄灭，正如郁达夫在悼念鲁迅先生时所说：“没有伟大的人物出现的民族，是世界上最可怜的生物之群；有了伟大的人物，而不知拥护、爱戴、崇仰的国家，是没有希望的奴隶之邦。”[①]

---

① 郁达夫：《怀鲁迅》，王任主编《郁达夫精选集》，齐鲁书社，2016年版，第189页。

当然也应该清楚地看到，所有的英雄人物无一例外都是凡人，不是宗教信仰与神话传说当中完美无缺、无所不能的神，他们的认识、选择与行动也深受时代条件的限制，部分人也可能存在人格缺陷或犯过错误。应理性、辩证地看待与分析这些英雄人物，不能因为有过错误就予以全盘否定，抹杀他们的努力与贡献，要正视他们的错误，从中吸取经验教训，避免重蹈覆辙。然而，历史虚无主义者正是利用了这一点，肆意诋毁英雄人物。一方面，将英雄人物的缺点无限放大。比如指责雷锋平时戴手表、穿皮夹克，照片也比较多，就是因为爱显摆、喜欢炫耀自己，进而将雷锋一切乐于助人、无私奉献的精神说成是为了更多名和利的钻营投机。实际上，"雷锋精神"之所以能够代代相传、深入人心，并不是因为雷锋是一个完美的人，而是因为他对于"善""爱""公"的追求得到了民众的推崇与认同。"雷锋精神"并不是雷锋的全部，个人品行的瑕疵也不能成为否定"雷锋精神"的理由。另一方面，编造谣言，恶意中伤英雄人物。有的攻击黄继光、邱少云的事迹违背常识；有的指责在刘胡兰身上"看不到任何值得称赞的品质和任何值得坚守的理想"，学习刘胡兰更是"令人毛骨悚然的事情"；有的污蔑李大钊是被苏联策反的汉奸，有的手拿野史八卦，如当事人一般讲述陈独秀风流好色改变历史走向的"故事"；有的调侃董存瑞牺牲自己是因为炸药包上涂了胶水，如是等等，不一而足。此类言论完全"虚无"了历史真相，突破道德底线，挑战正义良知，终将为历史所遗弃，就像鲁迅先生所说的："战士战死了的时候，苍蝇们所首先发见的是他的缺点和伤痕，嘬着，营营地叫着，以为得意，以为比死了的战士更英雄……因为它们的完全，远在战士之上。的确的，谁也没有发见过苍蝇们的缺点和创伤。然而，有缺点的战士终竟是战士，完美的苍蝇也终竟不过是苍蝇。"[①]

---

① 鲁迅：《朝花夕拾》，天津人民出版社，2010年版，第168页。

3. 歪曲近代革命史，为历史反面人物翻案

历史虚无主义思潮的一个核心内容就是否定近代革命活动尤其是新民主主义革命。纵观20世纪上半叶，辛亥革命、国民革命、新民主主义革命、社会主义革命纷至沓来，“革命”成了贯穿历史发展的一条主要脉线。尽管不同的学者对于革命有着不同的定义，但其本质不外乎“一个阶级推翻另一个阶级的暴烈的行动”，伴随着大规模的破坏与动荡、冲突与流血，必然要付出沉重代价，但它的发生不以人的意志为转移。近代以来，面对外敌入侵、山河破碎，中国人民最初选择救亡图存的方式并不是革命，而是各种变法、改良。之后，先经历了太平天国、洋务运动、戊戌变法的失败，又连年遭受列强欺凌、军阀混战，中国人民才最终选择了革命，选择了中国共产党领导的新民主主义革命，通过农村包围城市、武装夺取政权，最后成功建立新中国，彻底改变了自身的悲惨命运。所以说，革命是中国近代社会矛盾、阶级矛盾不可调和的产物，是近代历史发展的必然结果，不是某一群人的选择，更不是某个人的选择，正如梁启超在1902年时所做的预言：“夫我既受数千年之积痼，一切事物，无大无小，无上无下，而无不与时势相反……此所以Revolution之事业，为今日救中国独一无二之法门。不由此道而欲以图存，欲以图强，是磨砖作镜，炊沙为饭之类也。”①

然而，自20世纪90年代有人提出“告别革命”论后，否定革命的言论开始暗流涌动。他们鼓吹、赞扬西方式的改良，吹捧“民国范”，对民国学术无限拔高、对军阀与官僚舐痈吮痔，将兵连祸结、苍生涂炭、城市畸形膨胀而乡村濒于崩溃的民国美化成繁荣、富足与自由的人间天堂，进而批判革命不是“圣物”，而是与生俱来带着破坏、残忍、黑暗与肮脏的东西，给中国带来沉重灾难，选择革命是“令人叹息的百年疯狂与幼稚”，并提出对暴

① 梁启超：《梁启超文集》，线装书局，2009年版，第165页。

力革命方式的反省才是对20世纪中国“根本性的反省”。革命领袖也成为被抹黑的对象，而一些历史反面人物则被抬高、称颂，如吹捧袁世凯、慈禧太后，否定孙中山、黄兴。有的还利用诸如“亲历者揭秘”“私人秘书曝光”等噱头，在国外敌对势力的资助下恶意造谣中伤，抹黑毛泽东等革命领袖的个人品德与领导能力。其险恶用心就是要否定整个中国近代史，否定中国共产党团结带领中华民族艰苦奋斗、救亡图存的意义，最终瓦解人民大众对于社会主义的信仰，走西方资本主义道路。

4. 否定社会主义建设成就

1949年，中华人民共和国宣告成立，中华民族彻底结束了一百多年被奴役、被侵略的屈辱历史，实现了国家独立、民族解放，同时壮大了世界和平民主与社会主义的力量，被美国著名汉学家费正清誉为“一个伟大的创造性成就”[①]，中国历史从此进入了新纪元。作为执政党的中国共产党也从革命逐步转向建设，肩负中华民族伟大复兴历史使命，推进社会主义革命与建设：三大改造的顺利完成使我国初步建立起社会主义基本制度，“完成了中华民族有史以来最为广泛而深刻的社会变革，为当代中国一切发展进步奠定了根本政治前提和制度基础”[②]；“三反五反”运动与土地改革稳定恢复了国内社会经济的发展；中苏同盟的建立与抗美援朝的胜利巩固了新中国的安全和独立，极大提升了中国的国际威望，增强了中华民族的自信心与自豪感。无论是在政治、经济、文化抑或社会生活方面，无论是横向比较还是纵向比较，新中国都取得了前所未有、粲然可观的成绩。资料显示，1956年全国社会总产值1639亿元，其中工农业总产值1252亿元，国家财政收入287.4亿元，均比1952年增长60%，“中国成了亚洲发展中国家中

---

① ［美］费正清：《伟大的中国革命》，刘尊棋译，世界知识出版社，1999年版，第329页。

② 《党的十九大文件汇编》，党建读物出版社，2017年版，第10页。

工业发展速度最快的国家”①。国民收入 882 亿元，比 1952 年增长 50%。在扣除物价上涨因素后，国家职工货币工资比 1952 年提高 28%，1956 年农民收入比 1952 年提高 24.3%，消费水平提高 15%，国民经济高速发展，人民生活水平大幅提高。

当然，没有从来不犯错的政党。在进入全面建设社会主义阶段后，由于缺乏经验、对经济发展规律认识不足等，党的社会主义建设指导方针开始出现严重失误，过急过快地追求社会主义建设速度，造成国民经济的巨大损失。但在认清错误之后，党中央领导集体一方面及时进行调整与纠正，使社会主义建设各项事业得以继续发展，为后来的改革开放以及中国特色社会主义的开创提供了宝贵经验、理论准备与物质基础；另一方面实事求是地对错误进行透彻分析与深刻反省，并将经验教训写入《关于建国以来党的若干历史问题的决议》中公之于世，展示了勇担责任的气魄与再次起航的自信，正如其中写到的：“我们的人民是伟大的人民，我们的党和社会主义制度具有伟大而顽强的生命力。”②

新中国的发展历史充分证明了马克思提出的“否定之否定”规律，即事物的发展总是前进性与曲折性的统一。而历史虚无主义者翻黄倒皂，不遗余力地抹黑社会主义革命与建设的成就，比如批评三大改造消灭了经济发展的活力，改造完成后人们的社会生活被完全控制，人身权利、婚姻选择权利、自主劳动权利均被剥夺，整个社会变成了没有活力、没有自由、只有服从的大军营；指责土地改革“不公平”，耸人听闻地将土改描绘成为农民肆意残酷虐待地主、富农的血腥斗争史；否定抗美援朝的必要性与历史意义。绝大

① ［美］费正清：《中国：传统与变迁》，张沛译，世界知识出版社，2001 年版，第 612 页。

② 中共中央文献研究室：《关于建国以来党的若干历史问题的决议（注释本）》，人民出版社，1985 年版，第 36 页。

多数此类观点不以严谨的史料为基础，或者带着特定目的对史料进行人为剪裁、拼凑，达到“有所虚无，有所不虚无”[①]的目的，浮而不实，经不起仔细推敲与论证。不仅体现出对历史内容和历史发展规律的无知，更是包藏祸心，借机宣泄对党的领导以及社会主义制度的不满，扰乱民众历史认知，引发民众对于党执政能力的怀疑。

总体来看，历史虚无主义思潮的内容日趋复杂化，几乎染指了各个历史时期的史学重大论题，并且越来越多地以党史、中华人民共和国史为虚无对象。尽管表现手法的隐蔽性、迷惑性与欺骗性不断增强，但该思潮的真实目的与政治意图却是愈加昭然若揭。

三、历史虚无主义思潮的评析

近年来，历史虚无主义思潮所引发的热点事件层出不穷，影响范围不断扩大。然而不论以何种面貌呈现，该思潮实质上是一股政治思潮，以错误的唯心史观为哲学基础，带有明确的政治诉求，力图否定马克思主义基本理论，否定中国共产党的领导，否定走中国特色社会主义道路的历史必然性。任由历史虚无主义蔓延扩散，不仅会消解主流意识形态，动摇社会主义中国的立国之本与党的执政之基，而且会瓦解中华民族的核心价值观与民族精神，削弱民族自信心与凝聚力，阻碍中华民族伟大复兴目标的实现。

（一）历史虚无主义思潮的实质

1．从政治目的来看，无论是否定革命史、建设史，还是抹黑英雄领袖人物，历史虚无主义思潮的最终意图都是要否定中国共产党的领导，否定中国走社会主义道路的必然性

革命是中国历史演进的必然逻辑。中华民族是一个“有光荣革命传统和

① 龚书铎：《历史虚无主义二题》，梁柱、龚书铎主编《警惕历史虚无主义思潮》，人民教育出版社，2006 年版，第 27 页。

优秀历史遗产的民族”[①]，在数千年的古代史中，每逢遭遇难以忍受的压迫与剥削，中国人民便会奋起反抗，发动起义与暴动，用革命的手段推翻旧有统治，持续推动历史的发展。自鸦片战争以来，中国陷入了半殖民地半封建社会的状态，帝国主义与中华民族的矛盾、封建主义与人民大众的矛盾相互交织、不断激化，迫使中国人民又一次开始了救亡图存活动。中国社会各阶级基于自身的立场、认识与能力进行了尝试，但太平天国运动、洋务运动、戊戌变法、清末新政以及属于资产阶级革命性质的辛亥革命均未能扫除帝国主义与封建残余，无法彻底改变中国的命运。

革命需要中国共产党的领导。1921 年中国共产党宣告成立，中国革命从此进入了新的阶段。中国共产党作为无产阶级先锋队，最具革命理想，最有觉悟性与组织性，最能代表先进生产力，最能团结人民大众，一经成立就主动担负起复兴中华民族的历史使命，科学制定并坚决执行符合中国特殊国情的新民主主义革命纲领，逐步成为团结中国人民进行革命的核心力量。“中国共产党的核心领导地位不是自封的，而是由党的性质宗旨、党的使命任务、我国的国体政体、国家发展的根本任务等决定的，是近代以来中国的历史逻辑、政治逻辑和实践逻辑演进的必然结果，是历史和人民的选择，也是实现民族复兴的必然要求。”[②]

革命的成功彻底改变了中华民族的悲惨命运，极大促进了中国社会的发展。新民主主义革命的胜利、新中国的成立，实现了民族独立和人民解放；三大改造实现了从新民主主义到社会主义的过渡，完成了社会主义改造，确立起社会主义基本制度，中华民族历经风雨终于迎来光明前景；改革开放开创、坚持和发展了中国特色社会主义，使中国重新焕发大国风采。这些重大

---

① 毛泽东：《中国革命与中国共产党》，新华书店，1949 年版，第 2 页。

② 汪亭友：《要毫不动摇地坚持和维护党的核心领导地位》，《红旗文稿》2018 年第 5 期，第 4 页。

历史事件“从根本上改变了中国人民和中华民族的前途命运，不可逆转地结束了近代以后中国内忧外患、积贫积弱的悲惨境遇，不可逆转地开启了当代中国沿着社会主义道路走向现代化、走向伟大复兴的历史进军”①。

综上所述，中国革命与中国共产党息息相关，党在革命与建设中成长壮大，奠定核心领导地位，而革命与建设则在党的领导下不断取得成功，推动中华民族朝着伟大复兴的目标稳步前进。“历史和人民选择中国共产党领导中华民族伟大复兴的事业是正确的，必须长期坚持、永不动摇。”②历史虚无主义者否定革命的正当性与正确性，不承认党领导革命、建设与改革的光辉历程与历史贡献，抹黑英雄领袖人物的德行品质与决策能力，就是要削弱党领导一切的合法性，瓦解党的核心领导地位。否定革命、否定党的核心地位同时也意味着否定了党领导人民走社会主义道路的必然性，鼓吹社会主义制度不是历史、党和人民的必然选择，只是“偶然选择的结果”。既然是历史偶然因素、偶然事件所导致的偶然选择，那么今日自然有重新选择的可能。其意图不是哗众取宠、宣泄不满，就是为西方敌对势力张目，扰乱人们思想，阻碍中国特色社会主义的稳步推进。

2．从学理特征来看，历史虚无主义的实质就是用唯心史观取代唯物史观，解构主流历史共识，遮掩或篡改历史真相

马克思与恩格斯合著的《德意志意识形态》一书，第一次系统阐释了唯物史观，成为马克思主义哲学的最重要的成果。马克思、恩格斯认为历史的发展同自然科学一样存在不以任何个人意志为转移的客观规律；人民群众是历史的创造者，是推动历史发展与进步的决定力量，但人民群众并不是随心

① 《习近平在中央党校秋季开学典礼上强调：领导干部要读点历史》，《人民日报》，2011年9月2日第1版。

② 习近平：《在庆祝中国共产党成立95周年大会上的讲话》，《人民日报》2016年7月2日第3版。

所欲地创造历史，总是要受到某一历史时期经济、政治和思想文化条件的限制；生产力与生产关系的矛盾、经济基础与上层建筑的矛盾，构成了人类社会的基本矛盾，也是社会发展的根本动力；社会存在决定社会意识，社会存在的变化发展决定社会意识的变化发展，而社会意识也具备一定的独立性，对社会存在起着能动的反作用。

唯物史观批判和继承了以往历史哲学发展的几乎所有积极成果，彻底取代了唯心主义，实现了历史观的根本变革。它着眼于从总体、全局的高度研究社会结构与社会发展一般规律，不仅使社会主义从空想变成现实，而且为人们提供了正确认识社会现象和社会历史发展的理论基础。因此，列宁评价唯物史观是“把伟大的认识工具给了人类”“过去在历史观和政治观方面占支配地位的那种混乱和随意性，被一种极其完整严密的科学理论所代替”[①]。只有坚持唯物史观才能透过纷繁复杂的历史现象看到本质与真相，才能抓住历史主流，把握历史演进的基本规律，否则历史科学注定变成“一堆荒谬绝伦的错误”。

以唯物史观为指导的马克思主义史学研究在我国出现于20世纪20年代。李大钊在其所著的《史学要论》（商务印书馆1924年初版）中，初步运用唯物史观阐述了历史学的基本概念、史学理论的基本问题，并“改作”了近代史若干重大问题，奠定了中国马克思主义史学的基石。“故史学的成立，于人生修养上很有关系。即于记述历史的研究，亦能示之以轨律，俾得有所准绳，其裨益亦非浅鲜。真挚的史学者，幸共奋勉以肩负此责任！”[②]此后，伴随着中国革命实践的发展，马克思主义史学不断阐扬光大，中华人民共和国成立前先后出现了一大批经典著作，如郭沫若的《中国古代社会研究》、吕振羽的《简明中国通史》、范文澜的《中国通史简编》、翦伯赞的《中国

① 列宁：《马克思主义的三个来源和三个组成部分》，中共中央马克思恩格斯列宁斯大林著作编译局编《列宁选集》第2卷，人民出版社，1995年版，第311页。

② 李大钊：《史学要论》，上海古籍出版社，2014年版，第14页。

史纲要》、侯外庐的《中国思想通史》等。尽管在内容上存在着一定不足，但这些研究成果以唯物史观为指导探讨中国历史各类问题，不仅给历史学科带来无限生机，形成众多共识，也使得唯物史观广泛传播、深入人心，成为直到今天人们认识与理解历史的基本理论依据。正如著名史学家刘大年所说，唯物史观是“世界上一切解释人类社会历史的学说中，唯一真正致广大，尽精微，综罗百代的学说”[①]。

历史虚无主义者则彻底抛弃了唯物史观，在研究方法、史料运用等方面以唯心主义为指导，导致若干致命错误的出现：其一，在认识、分析历史事件与人物时往往脱离了具体的时代环境，静止地、片面地、孤立地看待历史，甚至使用“上帝视角”来进行审视与评判。如在分析大跃进、人民公社出现的原因时，完全无视当时由于人民群众热切盼望改变贫穷落后面貌而形成的“左”倾思潮的影响，也丝毫不考虑当时社会主义建设经验不足等因素的制约，将错误全部归结为毛泽东等中央领导人的所谓“好大喜功”与决策失误。这样的结论必然是错误的与荒谬的，历史真相也因之被人为歪曲。其二，混淆历史发展的主流与支流、现象与本质，以偏概全。如在分析土地革命时，抓住个别农民因长期遭受地主残酷剥削而产生的过激行为，抓住个别干部落实土改政策不力或过火的现象，一叶障目地否定土地改革的伟大历史意义。其三，预设观点，对史料进行随意取舍、人为剪裁以及捏造虚构。一方面完全舍弃那些无法支持自身观点与立场的史料，选用少量零碎的、未经辨析的、属于孤证的史料，借助假设、联想与想象来完成论证；另一方面对史料断章取义，甚至杜撰史料尤其是难以查证的数字类资料，为自身观点辩护。这些错误的历史虚无主义言论通常呈现主观色彩强烈、观点新奇夸张、内容耸人听闻、叙事逻辑混乱、论证单薄无力等特点，容易吸引、蒙蔽一些不具备史学背景的人民大众，但在严谨的实证研究面前则是漏洞百出。

---

① 周秋光、黄仁国：《刘大年传》，岳麓书社，2009年版，第486页。

（二）历史虚无主义思潮的深刻危害

历史是对一个民族、一个国家形成、发展及衰亡的真实记录，是一切现实生活的根源。法国文学家雨果就曾有过至理名言："历史是什么：是过去传到将来的回声，是将来对过去的反映。"历史就是历史，事实就是事实，不容忘记，不容篡改，更容不下欺骗和谎言。虚无了历史就等于虚无了今日一切的根基，对政治稳定、经济发展以及社会主义文化的成长都将产生消极影响。因此，必须彻底认清历史虚无主义的深刻危害，坚决予以抵制。

1. 冲击社会主义主流意识形态，动摇立国之本

马克思主义理论与中国特色社会主义是当下我国的主流意识形态，不仅规定着我国的国家性质、政权性质，从根本上指导着我国社会的前进方向，维护着国家政治局面的稳定，保障着经济和社会的健康发展，而且也是团结全党全国各族人民共同奋斗、夺取新时代中国特色社会主义新胜利的思想基础与精神源泉。能否建设具有强大凝聚力与引领力的社会主义意识形态，是关乎国家长治久安、关乎民族进步发展、关乎党的前程命运的根本大事。

历史虚无主义在党史、国史、军史领域兴风作浪，肆意歪曲与践踏半个世纪以来政府、学界与社会共同认可的历史结论，诋毁党的领导，嘲弄社会主义道路，而且与新自由主义、民主社会主义、普世价值等错误思想相互策应，伺机制造社会舆论，已然成为西方敌对势力"和平演变"中国的精神武器，形成了对主流意识形态的冲击与挑战。正如习近平总书记所言："国内外敌对势力往往就是拿中国革命史、新中国历史来做文章，竭尽攻击、丑化、污蔑之能事，根本目的就是要搞乱人心，煽动推翻中国共产党的领导和我国社会主义制度。"①

苏联解体留下的惨痛教训之一就是任由历史虚无主义自由传播，"在苏联解体的过程中，经济、政治、民族、文化、外交等很多因素都起了助推器

① 中共中央文献研究室编《十八大以来重要文献选编》（上），中央文献出版社，2014 年版，第 113 页。

的作用，但不可低估的是意识形态的瓦解，而意识形态领域的坍塌正是从历史虚无主义开始的”[①]。从苏共二十大开始，部分被西方敌对势力掌控的学者、作家甚至苏共领导人与党员，打着恢复“历史公正”的旗号，利用报刊、广播电台、电影电视甚至历史教科书大肆传播否定苏联社会主义革命与建设历史的言论，明目张胆地诋毁苏联社会主义制度是“隐蔽的奴隶制度”，十月革命是一场“骨肉同胞之间的自相残杀”，而列宁、斯大林等苏共领导人也被丑化为“间谍”“阴谋策划者”。空前猖獗的历史虚无主义言论营造了反对社会主义的公共舆论，错误的历史知识、历史结论彻底瓦解了苏联的党心民心，成为苏共垮台和苏联解体的思想催化剂。

如果对历史虚无主义采取放任自流的态度，必然会动摇我国社会主义意识形态的主导地位，瓦解我国社会主义基本制度与党核心领导地位的历史依据；必然会扰乱人民群众的思想认识、侵蚀人民群众理想信念，在潜移默化中弱化人民群众的政治认同感，引发人民群众对社会主义道路、中国共产党执政必然性与合理性的质疑。最终的结果就是危害国家政治安全，破坏新时代中国特色社会主义安定有序、健康发展的大好局面，甚至重蹈苏联解体的覆辙。

2. 瓦解民族精神与优秀传统文化，削弱中华民族的凝聚力与自信心

民族精神是一个民族在长期生活实践中形成的民族意识、民族性格、民族信仰与民族价值观念的集中体现，是一个民族生命力、创造力与凝聚力的精神保障，能动地反作用于民族的生存与发展，“一民族文化之传统，皆由其民族自身递传数世、数十世、数百世血液所浇灌，精肉所培壅，而始得开此民族文化之花，结此民族文化之果，非可以自外巧取偷窃而得”[②]。在数千年的历史长河中，在辉煌、苦难与奋斗的历程中，中华民族形成了以爱国

① 欧阳向英：《从苏联解体看历史虚无主义的危害》，《红旗文稿》2018年第6期，第35页。

② 钱穆：《国史大纲》（上册），商务印书馆，2010年版，第32页。

主义为核心，团结统一、爱好和平、勤劳勇敢、自强不息的伟大民族精神。它以中华优秀传统文化为源头，以革命斗争中孕育的革命精神为基石，以社会主义先进文化为核心内容，是全国人民生活方式、理想信仰、价值观念与行为规范的本质体现，也是团结、凝聚中华民族所有成员创造辉煌古代文明、完成新民主主义革命、开展社会主义建设与改革的精神纽带，“为中国发展和人类文明进步提供了强大精神动力”①。十九大以来，夺取新时代中国特色社会主义伟大胜利成为举国上下的奋斗目标，弘扬伟大民族精神、激励全体中华儿女为中华民族伟大复兴的中国梦奋勇前进尤为重要。

新时代民族精神的培育与弘扬是一项系统工程，其中关键要素之一就是树立正确的历史观，传播正确的历史认知。对历史的认识与理解很大程度上决定着一个人对于其民族、其国家、其祖先的认同，是建构民族精神和国民意识的核心内容，如黑格尔所言：“对民族精神自身加以纯粹直观，所看见的就是普遍人性。”② 近代著名历史学家钱穆也曾深刻指出：“研究中国历史的第一要务，在于能在国家民族内部自身求得其独特精神之所在”，“欲其国民对国家有深厚之爱情，必先使其国民对国家已往历史有深厚的认识。欲其国民对国家当前有真实之改进，必先使其国民对国家已往历史有真实之了解”。③ 历史认识直接关乎国家利益与民族福祉，必须对历史进行科学、客观与规范的解释，杜绝自由与随意的发挥。

一旦失去了对历史的敬畏，肆意地虚无与解构历史，不仅历史真相会被遮蔽，民族精神也将变得重而无基。否定了璀璨的古代文明，就没有了民族

---

① 《伟大民族精神是我们前进的根本力量——二论习近平十三届全国人大一次会议重要讲话》，《人民日报》2018 年 3 月 23 日第 1 版。

② ［德］黑格尔：《精神现象学》（下卷），王玖兴译，商务印书馆，2011 年版，第 241 页。

③ 钱穆：《国史大纲》（上册），商务印书馆，2010 年版，第 3 页。

自信心与自豪感，失去了屹立在世界民族之林的底气；否定了井冈山精神、长征精神、南泥湾精神、西柏坡精神，就没有了百折不挠、自强不息的信念，失去了独立自主地探索国家发展道路的勇气与胆识，失去了民族最宝贵的财富；否定了孙中山、毛泽东、黄继光、邱少云、雷锋、焦裕禄等英雄人物，就没有了榜样的力量，失去了激励中华民族坚定理想信念、团结奋斗、无私奉献的精神品格，失去了指引人生方向的明灯与规范言行举止的标杆；否定了红旗渠、“两弹一星”等社会主义建设成就，就没有了走中国特色社会主义道路的坚定决心。如果没有了这一切，中华民族也终将成为一个精神空虚、意志消沉的民族。只有坚决抵制历史虚无主义，不断弘扬与传承民族精神，保持积极进取、奋发向上的意志，中华民族才能不断走向繁荣富强。

四、历史虚无主义思潮的应对与消解

当下，在学界与人民群众的有力抵制与批判下，历史虚无主义思潮的错误本质与深刻危害已渐为人知，但并没有销声匿迹，呈现时隐时现态势。如何有效消解历史虚无主义思潮依然是我国意识形态领域面临的一场严肃的政治斗争，也注定是一场长期的思想斗争。只有深入贯彻落实习近平总书记系列讲话精神，坚定“四个自信”，以唯物史观为指导不断推进党史、国史研究与宣传，加强舆论阵地建设，净化网络环境，才能逐步清除历史虚无主义思潮的生成源头，切断其传播渠道，扫清其滋生土壤，营造一个风清气正的思想环境，为新时代中国特色社会主义建设提供源源不断的精神力量。

1. 深入贯彻落实习近平总书记系列讲话精神，坚定“四个自信”

第一，应对、消解历史虚无主义思潮必须旗帜鲜明地以习近平总书记系列讲话精神为思想指引。党的十八大以来，习近平总书记在历史观、历史理论、革命史、世界史等方面做出大量富有思想性的论述，强调必须坚持用唯物史观来研究历史，站在人民的立场去看待历史，尊重、珍惜历史并积极从中汲取智慧与养分。在此基础上，习近平总书记提出要不断挖掘与阐发优秀历史文化；要牢牢把握中国共产党和近代中国历史发展的主要线索，坚决抵制对侵略历史的美化，深刻理解党的领导与社会主义制度是历史与人民的共同选择；要全面、辩证地看待英雄人物；要正确认识社会主义建设与改革的历史成就，坚持“两个不能否定”。党的十九大报告也对中国历史发展进程做了最权威、最精辟的概括，中国共产党自成立以来义无反顾地肩负起实现中华民族伟大复兴的历史使命，团结全国各族人民通过农村包围城市、武装夺取政权完成新民主主义革命，实现国家独立、民族解放，继之确立起社会主义基本制度，实现中华民族史上最为广泛、深刻的变革，并在新的时代条件下团结带领人民进行改革开放伟大革命，开辟中国特色社会主义道路，从根本上改变了中国人民和中华民族的命运。上述讲话精神集中展现了以习近平同志为核心的党中央的历史视野与政治智慧，阐明了正确认识历史、把握历史发展规律的基本原则与科学方法，对于抵制历史虚无主义思潮具有重要的理论与现实指导意义，必须学懂学透、融会贯通、贯彻落实。

第二，应对、消解历史虚无主义思潮必须坚定“四个自信”。中国特色社会主义道路是马克思主义基本原理与中国革命实践相结合的产物，是党和人民历经近一个半世纪腥风血雨与艰难险阻，独立自主探索出的符合中国国情的发展道路，也是党和人民群众取得的根本成就。我们要坚定道路自信，不断凝聚社会共识，消除历史虚无主义思潮制造的思想混乱。

改革开放40多年以来，我国所经历的根本性变化充分证明，中国特色社会主义制度是“当代中国发展进步的根本制度保障，是具有鲜明中国特色、明显制度优势、强大自我完善能力的先进制度”[①]。要坚持与完善中国特色社会主义制度，始终把人民利益放在首位，不断满足人民的美好生活需求，用举世瞩目的成绩有力回击历史虚无主义思潮的质疑与污蔑。

---

① 习近平：《在庆祝中国共产党成立95周年大会上的讲话》，《人民日报》2016年7月2日第3版。

马克思主义理论、中国特色社会主义理论体系是被实践证明了的科学理论体系，是党和人民在革命与建设过程中形成的根本思想指南与宝贵精神财富。“在革命、建设、改革各个历史时期，我们党运用历史唯物主义，系统、具体、历史地分析中国社会运动及其发展规律，在认识世界和改造世界过程中不断把握规律、积极运用规律，推动党和人民事业取得了一个又一个胜利。”[①]我们要坚定理论自信，自觉学习、掌握与运用唯物史观，不断提升整体、联系、辩证地分析历史现象、事件、人物与规律的能力，掌握批驳历史虚无主义思潮的理论武器。

博大精深的优秀传统文化、奋发向上的革命文化、丰富多彩的社会主义先进文化共同构成了中华民族赖以生存的骨气与底气。要坚定文化自信，践行社会主义核心价值观，增强民族凝聚力与向心力，树立个人正确的国家观、人民观与历史观，提升个人文化素养与国民意识，增强分辨是非对错的能力，自觉抵制历史虚无主义思潮的侵蚀。

2. 以唯物史观为指导深化党史、国史研究，加强宣传与推广

历史虚无主义思潮目前主要以党史、国史为攻击点与突破口，用支流否定主流，用表象混淆本质，用片面遮蔽整体，用主观臆想代替客观事实，无视历史发展客观规律，肆意歪曲历史真相。因此，必须不断深化党史、国史研究，不给历史虚无主义者任何可乘之机。习近平总书记在哲学社会科学工作座谈会上曾明确指出：“坚持以马克思主义为指导，是当代中国哲学社会科学区别于其他哲学社会科学的根本标志，必须旗帜鲜明加以坚持。”[②]对

① 《习近平在中共中央政治局第十一次集体学习时强调 推动全党学习和掌握历史唯物主义 更好认识规律更加能动地推进工作》，《人民日报》2013年12月5日第1版。

② 习近平：《在哲学社会科学工作座谈会上的讲话》，《人民日报》2016年5月19日第2版。

党史、国史研究而言，坚持以马克思主义为指导就是要坚持唯物史观。唯物史观的基本理论、方法与观点是全面评价历史人物、正确理解历史现象与事件、科学把握历史发展规律的根本遵循。

其一，要坚定站在唯物史观立场，围绕党史、国史重要人物、重大历史问题，尤其是历史虚无主义言论频繁涉及的论题展开持续、深入的学术研究。不仅要拓展研究视野，丰富研究方法，加强史料尤其是档案文献的搜集、整理、辨析与编纂，积极开展学术交流与研讨，而且要完善学科体系，创新叙事模式，不断形成具有强大说服力、感染力与生命力的成果，完整且客观地呈现党史、国史的主题与主线、主流与本质，掌握党史、国史话语权，回应部分人民群众的质疑，痛击历史虚无主义言论的荒诞，引导学界、社会公众形成对党史、国史的正确认知。

其二，要坚持研究与宣传并重，将研究成果转化为大众的思想共识。“学习党史、国史，是坚持和发展中国特色社会主义、把党和国家各项事业继续推向前进的必修课。这门功课不仅必修，而且必须修好。要继续加强对党史、国史的学习，在对历史的深入思考中做好现实工作、更好走向未来，不断交出坚持和发展中国特色社会主义的合格答卷。”[①]党史、国史研究不能仅停留在学理层面、囿于学术领域，更应该将研究成果择优推广，为人民群众学习、了解党史、国史提供权威材料。

一方面改变以往党史、国史研究“曲高和寡”的状况，站在人民群众的立场上，将国家社会发展中遇到的重大问题、热点问题纳入研究范围，使研究成果更“接地气”。在坚持史学原则与标准的基础上，将研究成果通过精巧的构思、通俗的语言、鲜活的表现形式转化为人民群众喜闻乐见的、高质

---

① 《习近平在中共中央政治局第七次集体学习时强调：在对历史的深入思考中更好走向未来 交出发展中国特色社会主义合格答卷》，《人民日报》2013 年 6 月 27 日第 1 版。

量、高水准的短视频、纪录片、宣传片、通俗读物、小册子、网络写史等，转化为学生尤其是中小学生党史、国史学习教育的资料，实现党史、国史的大众化、通俗化，让党史、国史回归社会，走进课堂，走进人民的日常生活。

另一方面充分利用新媒体，积极开拓传播渠道。新媒体具备交互性与即时性、海量性与共享性、个性化与社群化等特点，往往成为历史虚无主义思潮散播的重要工具。而要消解历史虚无主义思潮同样需要充分利用微信、微博、网络论坛、流媒体网站等新媒体、新平台的优势与特点，将党史、国史最新研究成果以恰当的形式及时进行宣传、普及，掌握党史、国史话语权，占领网络舆论制高点，在潜移默化中清除历史虚无主义言论的恶劣影响。

3. 加强新媒体监管，净化网络环境

从演变趋势来看，历史虚无主义思潮已然跳出了纸质读物、电视、广播等传统媒介的束缚，主要借用新媒体尤其是各类移动终端进行扩散，呈现高度网络化传播的态势，对部分网民尤其是青少年的历史认知与精神思想造成了严重的负面影响，危害社会稳定与国家意识形态安全。防范历史虚无主义思潮必须以加强内容建设、强化网络监管为主要抓手，净化网络环境。

第一，充分利用新媒体平台，打造互联网舆论阵地，牢牢掌控网络话语权。一方面着力建设若干历史类尤其是党史、国史大型专题网站，真正以人民群众为中心进行科学设计，实施专业管理，克服以往同类网站存在的信息量小、更新缓慢、内容枯燥等问题，将其打造成为人民群众衷心欢迎、乐于浏览的网站，成为传播正确历史认知的主渠道与主阵地；另一方面从专业历史研究人员以及业余历史爱好者中吸纳一大批素质高、能力强、熟悉网络文化的历史类网络写手，在充分尊重历史事实的基础上，灵活运用流行的网络语言、图像、视频及其他具备吸引力、感染力的表现手法，紧密围绕历史重大问题与社会关切的热点问题进行精心创作。充分发挥论坛、微信、微博及其他手机 App 的信息交互作用，及时对正能量、高质量的作品进行发布与推送，不断增强正面舆论影响力，牢牢掌握网络话语权。

第二，加强网络监管，依法治网。网络空间不是法外之地，而是“亿万民众共同的精神家园”，历史虚无主义思潮在网络上的泛滥必须通过法律手段来回击。一方面全面推进网络空间的法治化建设，做到有法可依，依法治理，增强广大网民的网络守法意识，自觉抵制错误言论，面对历史虚无主义言论做到不信谣、不传谣、不编造。同时加强网络监管，在充分保障公民言论自由的前提下，依法进行网络审查，清理蓄意传播历史虚无主义言论的文字、影像、视频及其他载体。另一方面建立健全追责、问责机制，对于编造、传播历史虚无主义言论的网络平台、互联网企业等及时进行约谈，促其整改，责其全面消除所造成的社会负面影响。对于民众反响强烈的历史虚无主义言论，尤其要彻查源头，追究法律责任。劝管结合，形成遵法守法、文明上网的社会共识。总之，只有内容建设与法治监管双管齐下，共同建设良好网络生态，营造天朗气清的网络舆论环境，才能从根本上切断历史虚无主义思潮的传播路径。

总之，习近平总书记指出：“历史就是历史，历史不能任意选择，一个民族的历史是一个民族安身立命的基础。”[①] 中华民族 5000 多年的文明史、中国人民近代以来 170 多年的斗争史、中国共产党 100 年的奋斗史、中华人民共和国 70 多年的发展史，从头至尾记录着中华民族的智慧、苦难、奋斗、重生与希望，是中华民族铭记昨天、把握今天、开创明天的最宝贵精神财富。对历史要有“温情与敬意”[②]，必须坚持不懈揭露、批判历史虚无主义的实质与危害，以马克思主义唯物史观的原则与方法去研究、学习、宣传党史、国史，以史为鉴，切实增强“四个自信”，牢牢把握意识形态领域的主导权与话语权，为新时代中国特色社会主义的发展、中华民族伟大复兴的中国梦的实现提供坚实的思想保障。

---

① 习近平：《在纪念毛泽东同志诞辰 120 周年座谈会上的讲话》，《人民日报》2013 年 12 月 27 日第 2 版。

② 钱穆：《国史大纲》（上册），商务印书馆，2010 年版，第 1 页。

第五章

民族主义思潮评析

民族主义是世界上内涵最复杂、影响最广泛的政治思潮之一，也是世界上最强烈、最富有情感力量的思想意识之一，自其在欧美产生以来引发了学界的高度关注。在不同学科那里，民族主义常常具有不同的内容，英国著名学者 E. B. 哈斯曾经以盲人摸象来比喻民族主义，说每个研究者都只能摸到民族主义的一部分而不是全部。而关于民族主义的内涵，由于理解和阐述的角度不同，存在着不同的看法，仅是比较有代表性的观点就达数种之多。比如汉斯·科恩认为："民族主义首先而且最重要的应被认为是一种思想状态……在这一状态中，体现了个人对民族国家的高度忠诚。"法国政治学家吉尔·德拉努瓦曾指出："民族主义是一种非常富有弹性，甚至变化无常的意识形态。"①厄内斯特·盖尔纳认为："民族主义是一种关于政治合法性的理论。"

不过，无论人们对民族主义的理解有多么不同，从其原始意义来看，无非包括以下三重含义。首先，民族主义是一种心理状态和思想观念。这种心理状态和思想观念是在长期的历史发展中形成的，是由民族性培育出来的民族意识和民族认同感，具体表现为对祖国和本民族的语言文字、生活习俗、文化传统和历史记载的一种亲近感，这是民族主义第一层次也是最根本的内涵。其次，民族主义是一种政治原则。是从民族认同感、忠诚度出发产生的对民族利益的追求。形成争取和捍卫民族独立、平等和共同繁荣的信仰原则，是民族主义第二层次的内涵。最后，民族主义是一种社会实践和群众运动。民族主义政治原则认为"政治和民族的单位应该是一致的"②。因此，在思想观念和信仰的共同作用下，在民族情绪的驱动下，在民族独立、平等和共同繁荣原则的指导下，有组织、有目的、以民族为单位的大规模群众运动就

---

① ［法］吉尔·德拉努瓦：《民族主义：七头蛇从未被消灭》，《世界报》1992年5月18日。

② ［英］厄内斯特·盖尔纳：《民族与民族主义》，中央编译出版社，2002年版，第1页。

会自然而然产生，这是民族主义第三层次的内涵。民族主义存在于每一个拥有主权的国家当中，对一国的社会和政治变迁产生着重要而深刻的影响。

一、民族主义思潮的发展演变

（一）民族主义在西方的产生

民族主义作为一个学术概念，最早是1409年在德国莱比锡大学召开的题为“波希米亚和波希米亚民族的宗教与经院哲学”辩论会上提出的。而现代意义上的民族主义思潮和运动是伴随着18世纪至19世纪世界范围的资产阶级民主革命而兴起的。对于民族主义起源问题的研究，西方学者从不同的视角分别做出了解释，归纳起来大致有五种视角：社会经济的视角、社会文化的视角、政治的视角、意识形态的视角、建构主义的视角。虽然这些解释视角不同,但它们有一个共同点,即民族主义不是一直存在的,而是伴随着“现代性”而产生的新兴历史现象。作为一种新兴历史现象，民族主义在19世纪引起了强烈关注，并且几乎没有遭受任何批评而被理所当然地予以接受。至19世纪下半叶，民族主义已经完全成为欧洲及其美洲殖民地的一种政治与社会文化现象。但是除了西方世界以外，民族主义并未在其他文化圈中产生，民族主义成为西方世界的孤本。

民族主义自在西方诞生以来，在近代经过了漫长的发展演变时期，每一时期民族主义都有着特定的发展类型。依据学者的研究，按照时间与表现的不同特性，可以将民族主义的发展历程分为以下几个阶段。第一阶段，18世纪末到19世纪中叶，民族主义的初步形成阶段。这一阶段的民族主义主要包含发生在南北美洲的“克里奥尔民族主义”（也叫“远程民族主义”）和欧洲的“群众性语言民族主义”两种类型。随着近代工业化和民族资本主义的产生，一些欧洲国家在政治格局变动过程中强调以“民族”为单位重建世界各地的政治实体。伴随着建立民族国家的思潮和运动，出现了第一批民族国家。欧洲资本主义发展最早的地域是17世纪的尼德兰，革命后建立的荷兰是第一个资本主义国家，此后出现了法国大革命、美国独立战争等运动。法国大革命激起人民保卫国家的民族热情，而18世纪美国的独立战争从“天赋人权”观念出发，提出了殖民地人民拥有建立国家的权力。法国大革命与美国独立战争是近代民族主义形成的重要里程碑。第二阶段，19世纪下半叶至20世纪初，学者本尼迪克特·安德森将这一阶段的民族主义称为“官方民族主义”。“官方民族主义”其实是欧洲各王室为应对1820年前后出现的群众性民族主义所带来的危机而采取的一种“自上而下”的应对措施。安德森认为，这一阶段出现的民族主义具有“统一进程的”、民族团结或是民族复兴的特点，其目的在于将分裂的国家进行整合，构建一个统一的民族国家。第三阶段，第一次世界大战结束至20世纪40年代中期，诞生的是一种“殖民地民族主义”，又称“民族分裂主义”。这一阶段的民族主义主要发生在殖民地国家，世界各地的殖民地国家高举民族主义的旗帜，反对宗主国，以求实现民族独立和国家统一，如亚非拉的民族独立运动。这种民族主义加速了1918年后东欧和东南欧多民族帝国的崩塌，并促成在沙皇帝国、东匈牙利帝国和奥斯曼帝国的瓦砾上所产生的新兴民族国家的建构。第四阶段，20世纪50年代至20世纪末，学者维勒将这一时期的民族主义称为“移植的”民族主义。这种民族主义与1945年后的反殖民主义政治紧密联系在一起，将欧洲和美国的模式传播至世界其他族群，尤其是那些从前属于殖民地的地区。[①] 在20世纪末，随着苏联的解体，民族主义又兴起了一波小高潮，这个时期的民族主义跟“分裂民族主义”具有很强的相似性。民族主义被视为一种强大的思想武器，并与国家的合法性联结在一起。西方民族主义的产生与发展有力地推动了世界范围内民族主义浪潮的产生与发展，中国民族主义思潮即是在西方民族主义思潮影响下所产生、发展起来的。

---

① 徐健、魏德伟：《政府治理评论》第3卷，社会科学文献出版社，2018年版，https://feng.ifeng.com/c/7oMZGbgeO7C.

（二）民族主义在中国的产生与发展

民族主义在近代中国经历了从无到有的发展历程，产生伊始，它就是近代中国历史上非常重要的一个主题。中国近代民族主义的产生具有深刻的社会思想根源，产生于中西文化冲突的背景下，吸收了中国传统文化中的“华尊夷卑观”，同时间接地吸收了西方近代的社会政治思想。

1. 近现代民族主义的产生与发展

（1）清末民初中国民族主义的形成时期。晚清以来，国门被迫打开，中国大地上盛开的文明及政治体系遭受来自西方工业文明和帝国主义侵略的空前挑战。中国不再是人们思想中的“天朝上国”，在多次对外战争中，中国惨遭失败，不得不割地赔款。一批有识之士不断寻求救国方案，如洋务派在救亡图存中开展“洋务运动”，提出“师夷长技以制夷”，主张向西方学习。清政府在列强的逼迫下也不得不开始向西方学习，派遣留学生，允许西方思想与出版物进入中国。在这场西学东渐的过程中，随着西方地理知识的传入，“华夏中心观”的观念被打破，人们认识到中国并非世界的中心，地理位置也并非在地球的中央，而只是世界一隅。与此同时，中国的“华尊夷卑观”与“夷夏之辨观”也遭遇挑战，西方先进、中国落后的现实，给了人们深深一击。尤其是甲午战争的失败迫使中国人不得不放弃传统观念，人们开始被动接受西方的观念，接受民族国家的世界体系。“民族主义”和“民族”理念开始影响中国的知识分子与民众，中国加快了向民族国家转变的步伐，由此许多学者也将甲午战争视为中国近代民族主义产生的正式时间。

中国思想家和精英阶层在民族国家思想的影响下，在救国救亡的严峻形势下，依据引入的西方“民族国家”的模式，考虑重建自己的国家和民族。而人民大众对帝国主义践踏中国主权、残害中国民众，以及清政府在鸦片战争后的卖国行径，表现出极端的不满。此种不满与民族国家的观念相融合，激发了人们强烈的民族主义情怀，尤其是汉族知识阶层的“民族主义”情绪空前高涨，他们把对清廷的全部愤恨都发泄在具体的民族身上，从而提出“驱除鞑虏，恢复中华”的民族主义口号。这就是在历史上还存在的另一种以“汉人”为边界、排斥与仇视“异族”的民族主义的族群观。直至1911年辛亥革命胜利后，建立了“中华民国”，标志着中国民族国家建设取得初步胜利，这是中国民族主义发展史上的重要里程碑。

（2）五四运动后中国近代民族主义的发展时期。五四运动之后是中国近代民族主义的发展时期，中国近代民族主义得以发展的原因主要有两个。一是受到第一次世界大战后世界范围内民族解放运动高涨以及十月革命爆发的影响。十月革命后，马克思主义在中国引起广泛关注，李大钊、陈独秀等人通过介绍与传播马克思主义，使更多人理性地认识到须借助民族主义的力量团结全国各族人民进行反帝反封建斗争，取得民族独立。五四运动后无产阶级开始登上历史舞台，民族主义也开始与政治运动相结合，出现多元化倾向。二是受到帝国主义尤其是日本帝国主义对中国侵略的影响。五四爱国运动是这一时期民族主义发展的标志，其导火线是巴黎和会上中国外交的失败。中国作为战胜国理应收回第一次世界大战时期被掠走的权益，然因日本的阻挠和美、英、法偏袒日本，加之清政府的软弱，中国外交失败，激发了国内民众强烈的民族主义情绪。之后历经九一八事变，尤其是华北事变和七七事变，日本对中国进行赤裸裸的武装侵略，其企图灭亡中国的行径，激发了中国人深深的爱国之情以及对日本民族深深的憎恨。在爱与恨的交织中，中国近代民族主义情绪不断高涨。如迈克尔·弗里登曾经指出的：“民族主义只有在短暂的时段内变得极为重要，即在民族建构、征服、外部威胁、领土争议，或内部受到敌对族群或文化群体的主宰等危机时，民族主义才显得极为重要。”①

这一时期持续高涨的民族主义体现出以下三个特点：第一，民族主义

① ［英］安东尼·史密斯：《民族主义：理论、意识形态、历史》，叶江译，上海人民出版社，2006年版，第24页。

与反帝、反封建相结合。伴随无产阶级的发展壮大，尤其是五四运动后工人阶级开始作为独立政治力量登上历史舞台，中国革命步入新民主主义革命时期。在领导中国革命的过程中，无产阶级逐步加深了对帝国主义和封建主义的认识。民族主义在此时由在太平天国运动和义和团运动等时期进行感性的笼统的排外主义斗争上升转化为理性认识阶段，看出了帝国主义内部和外部的各种矛盾，并看出了帝国主义联合中国买办阶级和封建阶级以压榨中国人民大众的实质。正是因为对帝国主义的认识产生了质的飞跃，中国人民开始将反帝与反封建结合起来，从而赋予了近代民族主义新的内涵。第二，民族主义与思想文化相结合。这一时期人们开始从思想文化上寻找中华民族落后的原因，通过对中国传统文化的反思，人们逐渐认识到中国屡遭侵略且屡战屡败的一个重要因素是中国文化的落后，而这一落后又导致了一系列改革与革命的失败，因此民族主义又包含了思想文化变革的重要内容。第三，民族主义与各种政治运动和思想运动相结合。民族主义逐渐成为一种有力的政治凝聚资源，开始成为多种政治运动和思想运动的凝聚力量，呈现多元的倾向。

（3）抗战时期中国民族主义情绪的高涨时期。九一八事变后，民族危机日益严重，激发了全国民众强烈的民族意识与民族责任感。民族主义的建构有了新变化，民族复兴思想被提出并逐渐形成一股社会思潮。正如张君劢等人在《我们所要说的话》中指出的："中国这个民族到了今天，其前途只有两条路，其一是真正的复兴，其一是真正的衰亡。"在此形势之下，上至精英下至普通民众，都在抗日的旗帜下，团结一致共赴国难，连过去纷争不断的国内各个政治派别，都开始同心协力，为实现民族复兴而并肩作战。如郑永年所讲："日本帝国主义的入侵促成了国共两党合作抗日。无论是国民党还是共产党都走民族主义路线，动员民众抗日。中国社会第一次被政治力量全面动员起来抵抗侵略者。可以说，抗战期间政治动员对中国民族主义和国家认同的正面影响是史无前例的。但国民党和共产党的民族主义有不同的表现形式。国民党走的是‘精英’路线，而共产党走的是群众路线。”[①] 在这一特殊时期，民族主义成为动员民众、凝聚民心一致对外的重要力量。

民族主义在此时更重要的角色是从中国传统文化中发掘和弘扬数千年生活与斗争之结晶的传统文化，使之为中国民众抵御外辱增强民族自信心与凝聚力，成为对抗日本侵略者强有力的武器。这使得当时文化史学的研究蓬勃兴起，研究成果不断涌现。“据不完全统计，民国时期出版的有关文化和中国文化史的著作有50种左右，其中大部分出版于20世纪三四十年代。”“当时，为给中国的民族复兴寻找出路，《复兴月刊》《再生杂志》等不断涌现，无数文人志士发文鼓励国民树立民族的自信心，实现民族复兴。”[②] 这是近代以来未曾有过的，是近代中国民族主义发展的高涨时期。解放战争时期是民族主义继续发展时期，内战烽火再燃，民族主义成为国共两党凝聚民众力量的重要武器，国民党依然走的是“精英”路线，而共产党依然走的是群众路线。中国共产党注重发挥民族主义凝心聚力、建立民族国家的合理内核，激发民众的革命热情，为取得新民主主义革命胜利奠定了基础。

2. 当代民族主义的发展与演变

（1）中华人民共和国成立至20世纪90年代为民族主义发展缓慢时期。对中华人民共和国成立至20世纪90年代中国民族主义的发展与演变，学界有着不同的认知，从历史分期到民族主义思潮的有无都未形成统一定论。作者本身偏重于郑大华教授的观点。郑大华教授认为：“从中华人民共和国成立，到改革开放之前，甚至到80年代之前，民族主义受到斯大林民族主义理论的影响，被定义为资产阶级的思想在民族关系上的反映。”《中国大百科全书》中关于“民族主义”的条目就是这样表述的：“资产阶级

① 郑永年：《中国要建设国家认同》，《环球时报》2004年8月16日。

② 郑大华：《关于“中国近代史上的民族主义”的对话（2）》，人民网，2006年3月28日。

思想在民族关系上的反映，是资产阶级观察和处理民族问题、民族关系的指导原则。”“在社会主义国家，随着社会主义改造的完成，一般来说产生民族主义的经济基础与阶级基础已经消失。但民族主义思想的残余还将长期存在，还会不时地干扰社会主义革命和社会主义建设事业，损害各民族的团结和国家的统一，不利于执行爱国主义和国际主义相结合的对外政策。”“社会主义国家中存在的民族主义，一般属于人民内部矛盾，需要谨慎妥善地处理。如果处理不当，也可能转化成敌我矛盾。”“受此影响，民族主义长期得不到研究，甚至没有人敢提民族主义，更不用说有民族主义思想或思潮的存在。”①

（2）20 世纪 90 年代以来民族主义复兴阶段。20 世纪 90 年代以来中国民族主义的兴起是世界民族主义潮流的组成部分，它与中国历史上的民族主义具有不同的背景（全然不同的制度文化背景）与含义，有人称其为新民族主义。新民族主义的“新”不仅是指时代的新，更是指目标上的新。在此之前时期，民族主义主要是追求和讨论富国强民建设，是一种以知识精英为主的内向行为，而到了 90 年代民族主义开始由精英普及普通大众。

进入 20 世纪 90 年代以后，世界范围内冷战结束，经济全球化进程加快，全球范围内各种思想文化的交流、融汇、碰撞更为频繁。在形形色色的理论与思潮中，民族主义由于其自身的强大性，逐步成为多数国家统治的意识形态和合法性根据，成为哲学社会科学研究的学术前沿和最引人注目的政治文化现象之一。当然，民族主义在中国的再度兴起或高涨，除受国际环境变化的影响外，也受到国内形势的影响。王小东认为，“民族主义兴起的原因是中国正在作为地区乃至世界性强国崛起，由于政治制度与西方主流国家不同，兼之对世界资源的消耗急剧增多，由此受到西方主流国家的挤压是一个

① 郑大华：《如何认识和评价中国近代及当下的民族主义》，《教学与研究》2013 年第 8 期。

长期的且不可回避的现实，并认为自豪感和受挤压感是民族主义产生的基本要素”。孙立平认为，“民族主义思潮在20世纪90年代兴起的深层原因在于，随着更深地进入国际社会，西方国家已经从遥远的模仿对象变成现实的竞争者，利益冲突频繁发生；与此同时，由屈辱的历史和长期贫困所窒息的民族自尊心和自信心复苏”。综合来看，民族主义产生的国内因素主要有以下三个方面。首先，国家发展，民族主义有了释放的机会。改革开放以来，中国经济得以迅速发展，综合国力不断提升，国际影响力不断扩大，国际话语权不断增多，几百年来长期因屈辱产生的压抑感终于有了释放的机会，人们会不自觉产生终于可以扬眉吐气的心理，民族自信心和自尊心不断增强，也更敢于向西方国家说“不”。其次，冷战结束后，国际社会对中国存在诸多非议。如中国崩溃论、中国威胁论、中国模式论等，以及少数发达国家尤其是美国、日本对中国一再挑衅——如美国轰炸中国驻南斯拉夫大使馆、中美撞机事件、2008年北京奥运会火炬在国外传递时受到干扰、日本政要参拜供奉有甲级战犯的靖国神社、日本否定南京大屠杀、日本教科书篡改历史、钓鱼岛事件等，激发了强烈的民族情结，这是民族主义复兴与高涨的另一个重要原因。最后，中华民族伟大复兴目标的确定。中国共产党以实现中华民族伟大复兴为目标，重视爱国主义的宣传教育，尤其是对青少年一代的教育。世界局势不断动荡，国内经济发展不断面临挑战，中国人民深深的忧患意识、赶超意识被激发，使得中华民族凝聚力空前增强，因而也促进了民族主义的发展。可以说，中国民族主义的再度兴起或高涨，是多种因素综合作用的结果。

20世纪90年代以来，中国民族主义的发展可以划分为三个阶段：1990—1995年为民族主义的酝酿期、1996—2001年为民族主义的第一个高潮、2002—2005年为又一个高潮。20世纪90年代中后期，民族主义开始呈现激进化趋势。究其原因，从民族心理角度来说，中国近代以来的民族危机形成了一种深层的“受害意识”。中国的民族主义往往与中国政治文化中特有的泛道德主义相结合，形成激进化趋势。泛道德主义与左的政治文化心理积淀有关。而未来中国民族主义显示出“去激进化”趋势。其原因一是，中国的中产阶级正在迅速崛起，他们的观念更具稳健性，心态更为平和理性，这使他们的民族主义更趋向于理性与温和。二是，政府已经意识到民族主义的两面性特点，开始对民族主义情绪进行有效的、有意识的控制与引导。三是，改革开放使中国人更加了解国际环境，改变了封闭环境中形成的固有观念。四是，中国人有了更强的自信心。20世纪90年代末期互联网的发展，使得当代中国的民族主义获得了它在过去从未在传统媒体中得到过的表达和讨论空间，网络民族主义开始成为民族主义的一种新的表现形式。网络民族主义的发展使中国的民族主义摆脱了传统媒体的禁锢，开始与广大民众广泛结合起来，在民间迅速传播开来，并通过广大普通民众的努力研究和积极讨论而极大地丰富起来。当然其中有温和的、理性的表达，也有极端、偏激的言论。进入21世纪后，民族主义活动变得更频繁，规模变得更庞大。2001年由中美撞机引起的抗议活动，是新世纪民族主义浪潮中的一个高潮。时至今日，民族主义仍然展现出强大的生命力。

二、民族主义思潮的基本内容

民族主义在不同时期有着不同的表现特征，这也注定了它所包含的内容亦会随着时代的发展，结合特定的时代背景，呈现不同的表现形式。依据大多数学者的观点，中国民族主义产生于近代的历史时期，然在中国古代所形成的民族意识亦对民族主义有重要的影响。自秦始皇统一中国后的两千多年间，中国人逐步建立起了一套以华夏文明为核心、以周边“蛮夷”为“教化”对象的“天下体系”。这是一个在族际交往中强调文明发展差异却没有狭隘种族意识的特色大陆文明。在此基础上形成的中国传统“民族主义”主要有以下主要特点。第一，“华夏中心观”。“天圆地方说”即是最好的印证。在当时中国人的意识里，中国是天下之中心，所谓“居天地之中者曰中国，居天地之偏者曰四夷，四夷外也，中国内也”。第二，“华尊夷卑观”。即在当时人们认为华夏民族是文明程度最高的民族，中国是“天朝上国”，而周边的少数民族都是一些不知华夏文明、未受礼仪熏沐的落后民族。依照其所处的方位，分别称他们为“东夷”“西戎”“南蛮”“北狄”。第三，“夷夏之辨观”。“夷夏之辨”包括种族之辨与文化之辨。种族之辨即“非我族类，其心必异”，而文化之辨即“诸侯用夷礼则夷狄之，进于中国则中国之”，只能“以夏变夷”，不能“以夷变夏”。

近代以来，伴随中西方文明的冲突以及中国传统观念的打破，在传统民族意识的基础上产生了真正意义上的民族主义，而此种民族主义“并非出于对民族经济发展到特定阶段的内在冲动与要求”，“它的波及面、影响力，它对民族内部的精英与大众的动员程度，以及其表现的强度，取决于外部所施加的威胁、压力的强度，以及人们所能感受到的民族生存条件恶化的程度”。[①] 此后民族主义思潮历经发展与演变，其内涵在特定时期也有不同的表现形式，纵观民族主义的发展历程，其涵盖的内容主要有以下几个方面。

（一）建立民族国家

“民族”一词，从词的外源来看，汉语中的“民族”一词来自对英语中“nation”一词的翻译。“nation”一词只有在罗曼语族中是原生的，在其他语系中都是外来词。“nation”原义为诞生物，指诞生于同一地方的人群，后引申为由同一地方具有同一血缘关系和共同语言的人所组成的群体，并无多少政治含义。后来开始与政治相关，并作为一个政治色彩越来越浓厚的词语扩散到所有的现代语言中，成为与“国家”同义的词语。米塞斯曾说，17 世纪以后，欧洲用“民族”指主权国家的人民，即“民族国家”。《牛津高阶英汉双语词典》中提道：民族主义是指一群共享种族、文化和语言的人们要求建立一个独立国家的愿望。或者对自己国家的热爱和骄傲之情，认为自己国家比其他国家更好的感觉。由此可见建立民族国家是民族主义思潮的题中之义。

① 萧功秦：《中国民族主义的历史与前景》，《战略与管理》1996 年第 1 期。

纵观民族主义在中国产生与发展的历史，追求民族解放、国家独立亦是一个永远绕不开的重要议题。近代以来，民族主义思潮先行者、资产阶级革命派代表孙中山提出“驱除鞑虏，恢复中华”的口号，反对清政府，要求建立民族国家，并且提出了建国三部曲——军政、训政与宪政。“中华民国”国号的正式确立，增强了国人对于“中华”一词及其历史文化内涵的认同感，使人们在表达国家共同体利益或给各类组织和事务命名的时候喜欢使用“中华”字样。在此后的历史进程中，民族主义者更是以追究民族国家的建立为己任。抗日战争时期国共两党以及国人共同组成“抗日民族统一战线”，抵御日本帝国主义的入侵，维护国家主权，进行“抗战建国”。解放战争时期，国共双方对峙，内战烽火再燃,代表人民利益的中国共产党最终带领人民取得解放战争的胜利，建立了人民民主专政的人民共和国，实现了真正的民族国家的建设。在此后国家的建设与改革的历史中，民族主义者长期以维护民族国家的利益为己任。

（二）反对帝国主义，维护国家主权和领土完整

近代以来产生的民族主义都是在外部列强的不断侵犯、压迫下做出的被动反应，由此决定了民族主义自兴起的那一天起就具有鲜明的反对帝国主义侵略、维护国家主权与领土完整的内容与特质。自近代以来，中国签订了一系列不平等条约，面临亡国灭种的民族危机，由此激发了爱国志士的民族感情。晚清以来民族主义思潮，促进了中华民族觉醒。民族主义的宣传者们对帝国主义的性质、特点等做了深入的分析，他们深刻地认识到帝国主义的本性，揭露了清政府的腐败无能以及其与帝国主义之间的联系，提出了反帝反封的口号。康有为愤怒揭露日本借《马关条约》索取特权，痛斥清政府割地赔款以保全中国的谬论。资产阶级改良派提出，在帝国主义列强侵略不断加深、民族危机日益严峻的时刻，中国国内革命应该同心同德、群策群力、摒弃前嫌以抵抗帝国主义列强的侵略。由此，“满汉不分”“满汉平等”的主张也随之提出，承认满族与汉族都是中华民族重要的组成部分。改良派的中华民族大一统的思想，渗透着民族进化论与抵御帝国主义的思想，他们提倡

的民族主义主要是整合各民族之力以达到抵抗帝国主义、维护国家主权和领土完整之目的。纵观民族主义发展的历史，不难发现，无论是资产阶级改良派还是资产阶级革命派抑或共产党人，都具有反对帝国主义、维护本国利益的思想。经过各个革命阶级的不断努力，中国共产党领导中国人民取得了新民主主义革命的胜利，建立了中华人民共和国。民族主义思想中反对帝国主义的内容依然发挥着重要作用，20 世纪 50 年代初朝鲜战争爆发，唇亡齿寒，中国人的民族主义热情再次被点燃，抗击美帝国主义取得抗美援朝战争胜利是这一时期民族主义的主要目标。到了 21 世纪，民族主义思潮虽然有激进化的倾向，然而反对帝国主义、维护国家主权和领土完整一直是不变的主题。在民族主义思潮代表性著作《中国不高兴》中有这样的话语：西方对中国的围堵越来越明目张胆，应该选择同西方“有条件决裂”，“持剑经商”是崛起大国的制胜之道，应该勇于在国际上“除暴安良”。这些著作与言论过于偏激，缺乏理性与客观的评价，但不得不承认，在这一时期的民族主义思潮中确实依旧包含反对帝国主义、维护本民族利益的内容。

（三）爱国主义情感

在对民族主义的定义中，有一种代表性的观点，即民族主义是两种极其古老的现象——民族性和爱国主义在现代感情上的融合和夸大。而在民族主义的内涵中又涵盖了这样的特征：对民族的忠诚超出其他所有的忠诚，以及为了赢得自由，每个个人必须从属于某个民族。民族主义无论是在西方还是在我国的话语体系中都兼具了这些因素。我国的民族主义思潮，产生于中国积贫积弱、屡受侵犯的时期，尤其是日本对中国的侵略，激发了国人强烈的爱国之情，因此我国的民族主义自一开始就带着强烈的爱国情感。21 世纪以来，一系列事件的发生激发了一波又一波民族主义思潮。如 2001 年中美飞机在南海上空出现的撞机事件，造成了中国飞机坠毁、飞行员死亡，引起了中国民众的强烈愤慨。再如 2008 年奥运火炬传递事件引发了新一轮的民族主义浪潮，等等。这些民族主义浪潮更多地体现了民众对本国主权的维护和对本民族的热爱。因而无论是在近代还是在当代，社会民族主义思潮中充满了浓厚的爱国主义情感。

然而在此必须说明的是，民族主义包含爱国主义情感，民族主义者往往也会高举“爱国”旗帜，主张国家的无限权威，宣布国家民族利益至高无上，然其并不完全等同于爱国主义。爱国主义是一个人对所属国家或群体的热爱，对其制度的忠诚和对其国防的热情，是一种所有人公认的情感。民族主义吸收了爱国主义的内核，拥有爱国、爱民族的情感，同时兼具对其他国家和民族的排斥，这是民族主义和爱国主义最大的不同。施莱尔马赫曾说，民族主义是爱国主义与恐外症的结合体。即在爱国主义的情感上再附加恐外症的情感——不喜欢陌生人，即外来人，不愿将他接纳到自己所在的群体中来。概括而言，爱国主义往往在拥有对国家的积极认同、对同胞的积极关切的同时，并不排斥他者，而对民族主义者来说，这两者是不可分离的，如果没有对他者的贬抑就没有对自己的积极认同。

（四）承认民族平等，反对霸权主义

民族平等是民族主义思潮中的另一个重要内容。梁启超作为现代民族主义的先行者曾提出：“民族主义者，世界最光明正大之主义也。不使他族侵我之自由，我亦毋侵他族之自由。其在于本国也，人之独立，其在于世界也，国之独立。”而孙中山作为民族主义的奠基人，在解释新三民主义时将民族主义阐述为“一则中国民族自求解放；一则中国境内各民族一律平等”。孙中山提出要取消一切不平等条约，并亲定《建国大纲》，主张“对国内弱小民族，政府当扶植之，使之能自决自治。对于外国之侵略强权，政府当抵御之。并同时修改各国条约，以恢复我国际平等、国家独立”[①]。1912年1月1日，中华民国临时政府在南京成立，孙中山就任临时大总统，执掌国家政权，在《临时大总统宣言书》中提出五个统一，其中第一个统一就是“民族统一”。“国

① 《国民政府建国大纲》，《孙中山全集》第9卷，中华书局，2011年版，第127页。

家之本，在于人民。合汉、满、蒙、回、藏诸地为一国，即合汉、满、蒙、回、藏诸族为一人。是曰民族之统一。”[①] 在《中华民国临时约法》中又规定：“中华民国之主权，属于国民全体。……中华民国人民一律平等，无种族、阶级、宗教之区别。”[②] 孙中山还强调，在共和的旗帜下，各族人民享有同等的参政权。此后涌现在中国历史上的共产党人也着重强调民族平等与共融，在此思想的影响下，中国的民族主义思潮包含民族平等的重要内容。

而反对霸权主义则更是民族主义思潮中凸显的一个主题，尤其是在当代社会表现得更为突出。20 世纪 90 年代以来，中国经济快速发展，综合国力提升，经济全球化快速发展，中国融入世界经济体系。“当人们满怀期望进入世界市场的时候，突然发现这个市场远远不如原来想象的那样理想，发现这当中还有一个不合理的国际经济秩序的存在。”随之爆发的国际金融危机给人们带来了深深的危机意识。苏联解体之后，世界格局发生变化，由两强对峙变为一超多强，中国作为社会主义阵营的人口大国异军突起，引发了世界上某些既得利益国家的疑虑和不安，并试图通过各种言论诋毁中国、唱衰中国，通过一些行径制约中国的发展。这时中国与其他国家出现争端及与周边国家产生领土冲突等一系列问题所引发的新的民族主义浪潮，与以往的民族主义有着显著的区别。这一时期的主流民族主义超越了传统意识形态，具有明显的反对霸权主义的特点。推行霸权主义的美国打着维护国际社会秩序的旗号，运用经济、军事等手段干预他国内政与外交，其最终目的是要实现其在政治和经济上的最大利益，领导整个世界的发展。美国更是对社会主义国家使用政治、经济、文化等多种手段实施其“西化”“分化”和“弱化”的图谋。在此特殊背景下的民族主义也具有了更多的时代特点，反对霸权主义、维护国家主权和利益是其显著的特点。

---

① 孙中山：《革命与共和：孙中山读本》，天津人民出版社，2017 年版，第 56 页。

② 转引自李正华：《圆梦中国》，吉林出版社，2015 年版，第 43 页。

除了以上的内容外，民族主义思潮中还包含认同本民族文化、民族自决、全面赶超西方等内容，这里不再赘述。

三、民族主义思潮的评析

中国的民族主义是在与西方主导的国际关系体系接触的过程中逐渐形成的，而在这一接触的过程中，中国人的集体记忆里充满了屈辱和悲凉，中华传统文化中的“华夏中心观”以及泱泱大国的情结加重了这种屈辱和悲凉。因而，中国的民族主义思潮，自近代产生以来就不是一种简单粗暴的侵略性的扩张民族主义，而是一种相对保守的民族主义，其最基本的诉求是民族平等，是希望其他民族能有平等待我之情，继而保持领土完整、维护中华民族的尊严和在世界上的地位。在此情感上产生的民族主义与爱国主义在内涵上有一定的相同之处，但其并不等同于爱国主义。在社会发展的历程中，打着民族主义的旗号进行民族分裂、民族仇恨、民族战争以至于民族灭绝的现象屡见不鲜，使得人们不得不对民族主义的危害性不断进行反思。民族主义如若发展失当或滥加使用，会阻碍社会的稳定与经济发展，乃至影响世界和平。民族主义更多的时候是一种极端的民族主义思潮和行动。

（一）民族主义危及社会稳定

民族主义容易引起人们的“对抗”思维，这样的“对抗”可能发生在国家之间，也可能发生在同一国内不同民族之间。如 20 世纪以来国际上就出现了几种不同类型的民族主义思潮——民族分离主义、种族主义、跨国民族主义、文化民族主义、地方民族主义等，而其中的任何一种无不影响着社会发展与国际稳定。民族分离主义是 20 世纪第三次民族主义浪潮的主流，以民族自决至上论为核心内容，即以民族自决权为基础，以独立建国为目标。20 世纪 90 年代以来，民族分离主义运动先后在苏联、南斯拉夫、捷克斯洛伐克以及埃塞俄比亚的厄立特里亚取得了事实上的成功，此后又在菲律宾、印度、斯里兰卡以及伊朗、伊拉克和土耳其等地活跃。即便在社会环境一向稳定的西方发达国家内部，如英国的北爱尔兰、西班牙的巴斯克、法国的科西嘉、加拿大的魁北克及美国的夏威夷等地也都有不同程度的显现。据有关资料统计，1923 年欧洲共有 23 个国家，到 1999 年年初欧洲大陆的国家则已经增加到 50 个，而车臣战争、科索沃战争更直接源于相关民族分离主义思潮的实践。

种族主义是一种把人类不同的种族差异当作区别人类优劣、智愚的标准，认为"优秀种族"理应凌驾于"劣等种族"之上并对其进行统治的思想理论。虽然种族主义在现代文明进程中遭到唾弃，但是种族主义仍是当前许多国家不得不面对并饱受困扰的社会难题之一。以仇外排外为特征的各种种族主义现象也随着20世纪90年代以来日渐高涨的第三次民族主义浪潮而不断涌现。如随着南斯拉夫的解体，南斯拉夫地区的战争于 1991 年 6 月最先在斯洛文尼亚爆发，1991 年 8 月扩展到邻近的克罗地亚，1992 年 4 月又进一步扩展到波黑境内。由于这些战争都不同程度地存在着种族清洗与屠杀等种族主义行为，当地各族皆遭受到了巨大的人员、物资损失。自 1991 年以来，战争使克罗地亚和波黑共计25万人丧生，30万人受伤，200多万人被迫逃离家园，教训十分惨痛。文化民族主义强调，文化作为人类活动的产物不仅具有民族性，而且又是构成民族共同体的基本内核。文化民族主义在捍卫本民族利益时会起到积极性的作用，然而它有时也会走向极端，一旦出现极端行为即成为民族冲突和民族矛盾的背景和缘由，从而引发一系列社会问题，对社会的稳定与发展造成极为不利的影响，如印度锡克教徒与印度教徒的冲突、黎巴嫩境内伊斯兰教教徒与基督教教徒的冲突莫不如此。在今天的国际社会中依然可以看到这些民族主义思潮的身影，它们仍然是国际与本国发展中不稳定的因素。

在社会主义国家，即便民族主义的表现形式有所不同，但也对社会的稳定与发展有着不良影响。如《中国大百科全书》中阐释的："社会主义国家中存在的民族主义，一般属于人民内部矛盾，需要谨慎妥善地处理。如果处理不当，也可能转化成敌我矛盾。"在和平的时代主题下，发展经济、提升综合国力一直是我国不断奋进的目标。中华人民共和国成立后，我国坚持和平共处五项原则，坚守互利、共赢、共荣的准则，力图营造出和平的国际环境，而民族主义往往使人们头脑发热，失去理性，出现过激言行，进而危害国际环境与国内环境，影响社会的稳定与发展。如 2015 年 7 月 15 日，日本通过新安保法，这一举措在中国民众中掀起波澜。部分民众认为日本此举是将中国作为假想敌，国家应据此做出强烈回应。此后，亦有网友将赴日本旅游的同胞贴上"卖国贼""汉奸"的标签。同年，南海争端出现，又引发国内民众的民族主义情绪，一些年轻人通过网络社交媒体表达激进观点。这些言论会在民众中造成情绪波动，成为社会稳定的不安因素。

（二）民族主义易引发民族对立

民族主义是建立在对本民族高度认同基础上的，很多民族主义者的自我认定首先是从与别人的差别出发，并且认为自己所属民族具有优于其他一切民族的特性，因而在遇到一些特殊历史事件时易引发民族间的非理性的民族对抗。这种民族对立可能是民族、国家之间的对立，也可能是一国之内不同民族之间的对立。在我国民族主义中，曾有大汉族主义与民族分裂主义的类别，而这两种类别无一不存在引发民族对抗的隐患。而民族主义在 20 世纪的中国再次兴起以后，所表现出来的特质中也涵盖了对其他民族的排斥与对抗。20 世纪 80 年代以来，伴随着改革开放的行进，我国国际地位显著上升，拥有了更多国际话语权，民族主义者也期待有在国际事务中发声的机会，排斥和抵制西方的行为也伴随一些国家事件的发生更为凸显。尤其是互联网的发展使得当代中国的民族主义获得了它在过去从未在传统媒体得到过的表达和讨论的空间。正是由于互联网令当代中国的民族主义摆脱了传统媒体的禁锢，才使得当代中国的民族主义得以在民间迅速而广泛地传播，并通过无数名不见经传的民间人士的努力研究和热情讨论而极大地丰富了起来。网络民族主义的构成主体十分多元，它的构成既有官方人员、知识分子，亦有普通公众。网络民族主义既有温和理性的，又有极端偏激的。温和理性的网络民族主义者在面对某一关涉国家利益或切身利益的国际问题或国内问题时能够以一种理性、冷静、客观、温和的态度来表达自己对这一问题的看法、观点、见解、主张等；而极端偏激的网络民族主义在面对涉及国家利益以及自身利益的问题时不经过冷静、理性的思考，只是凭借自己的主观意识妄加猜测、大放厥词，这些暴力言论如果不加以引导，有可能会引发实际行动，进而对现实社会产生重大影响。如 2004 年中日网民因“靖国神社”“教科书”等事件的发生，引发了网络上的语言对抗。且民族主义者利用互联网技术，在网络上号召人们焚烧日本国旗、组织签名抵制日货等活动。

四、民族主义思潮的引领与消解

对于在历史上曾发挥过重要作用的民族主义而言，在未来是继续发挥作用还是不断衰退，目前存在激烈的争论，出现了两种不同的论调，即民族主义持续论和民族主义消亡论。民族主义持续论从民族主义具有重要的文化功能（在全球化发展中具有安抚、凝聚和认同的重要作用）与社会政治功能（对大规模社会变迁的破坏性具有控制作用）的角度来论证民族主义具有不可替代的作用，必将继续存在。民族主义消亡论从伦理、逻辑与时代的角度来论证，认为民族主义将最终消亡。然不论民族主义未来的走向如何，就当今社会而言，它仍是存在于社会之中的一种不容忽视的社会思潮，如何利用其有利内核，避免其消极影响，使其成为社会发展的推动因素，正是我们的首要任务。

（一）深化对于马克思主义民族观的认识

马克思主义民族观是指马克思主义对民族和民族问题的总的看法和基本观点，是无产阶级及其政党制定民族纲领和民族政策的指导思想。马克思主义民族观深刻解释了民族特征形成、发展和消亡的客观规律。它认为：民族是个历史范畴；民族问题是无产阶级革命和社会主义建设总问题的一部分，是关系到国家前途命运的重大问题；要把各民族的共同利益放在第一位；民族不分大小、发展程度高低，一律平等，主张各民族在平等的基础上友好团结；建设社会主义，必须逐步实现各民族共同发展和共同繁荣；在国际上坚持无产阶级国际主义，支持被压迫民族和被压迫人民的正义斗争，维护世界和平。总结概括其基本观点为反对民族压迫、坚持民族平等，反对民族歧视、尊重民族差异，反对民族分裂、提倡民族团结，将民族之间的问题作为无产阶级进行革命与社会主义建设的总问题之一进行解决，从而最终实现共产主义社会的民族大融合。马克思主义民族观，是我们正确认识民族关系发展的主要指导思想，为牢固树立中华民族共同体意识提供了根本立场和有效途径。中国共产党充分发挥和运用了马克思主义民族观，坚决反对大汉族主义、民族分裂主义和狭隘民族主义，坚持民族平等。中华人民共和国成立后在《共同纲领》中再次明确提出，"反对大民族主义和狭隘民族主义，禁止民族间的歧视、压迫和分裂民族团结的行为"。在之后处理民族问题上坚持无论民族大小一律平等的原则，并根据当时中国民族大杂居、小聚居的特点制定出民族区域政策，巧妙地消解了民族之间的矛盾，形成民族之间的大融合。此后历代领导人继承和丰富了马克思主义以及毛泽东思想中的民族观，形成了比较完整的有中国特色的民族问题理论，有效地解决了民族之间的问题。习近平总书记指出："大汉民族要不得，狭隘民族主义也要不得，它们都是民族团结的大敌。""要各去所偏、归于一是，引导各族干部群众自觉维护国家最高利益和民族团结大局。"在 2021 年 8 月 27—28 日召开的第五次中央民族工作会议上，总书记进一步强调，要引导各民族始终把中华民族利益放在首位，本民族意识要服从和服务于中华民族共同体意识，同时要在实现好中华民族共同体整体利益进程中实现好各民族具体利益。正所谓人心相聚，根本在于价值相通、认同相一。中华民族是一个统一的多民族国家，有着五千年的文明发展史，这段文明史中充满了各民族之间的交流与交融。也正是在交流与交融的过程中，各民族携手奋进开辟了祖国的锦绣江山、广袤疆域，共同创造了悠久、灿烂的中华历史与中华文化，形成了你中有我、我中有你的民族大融合。中华民族共同体意识也在这样的历史进程中形成，成为国家统一、民族团结、凝聚精神力量的重要价值指引。各民族只有把自己的命运和中华民族的命运紧紧连在一起，才有前途、有希望。

（二）以社会主义核心价值观为引领

“民族主义可能是影响世界进程最强烈的、最富有情感感召力的一种意识形态，其工具性作用决定了它必须服务于社会主导意识形态，‘寄生性’特质决定了其性质是由其所依附的意识形态决定的，而以马克思主义为指导思想的社会主义核心价值观被历史选定为‘寄主’。”[①] 民族主义作为一把“双刃剑”，只提供动力，不提供方向，因而需要有正确的引领，而社会主义核心价值观因其本身的科学性、先进性、包容性、共识性和崇高性，成为引领中国民族主义思潮的必然选择。社会主义核心价值观的灵魂是马克思主义，马克思主义是我们正确认识世界与改造世界的方法论基础。社会主义核心价值观吸收了马克思主义辩证唯物主义与历史唯物主义的基本原理，吸收了中国传统文化与人类文明进步中的精髓，是符合时代的新的理论成果。马克思主义作为核心价值观的根本指南为其引领民族主义思潮提供了科学依据与理

---

① 董楠：《用社会主义核心价值观引领中国民族主义思潮》，《广州社会主义学院学报》2018 年第 1 期。

论基础。社会主义核心价值观的内容具有丰富的包容性，涵盖了国家、社会、个人三个层面；同时又具有共识性。习近平总书记指出：“核心价值观，承载着一个民族、一个国家的精神追求，体现着一个社会评判是非曲直的价值精神追求，体现着一个社会评判是非曲直的价值标准。”① 社会主义核心价值观作为一种核心价值理念是中华民族的重要精神支柱，具有塑造高尚情操、提升精神境界的作用。因此只有坚持社会主义核心价值观的引领地位，才能将中华民族的集体智慧与广大力量凝聚到社会主义建设事业中来，为全面建成小康社会、实现中华民族的伟大复兴而不懈奋斗。

社会主义核心价值观引领中国民族主义思潮的途径主要是运用其丰富的内容来进行的。社会主义核心价值观中的富强、民主、爱国等内容对民族主义思潮具有有效的引领作用。富强是中华民族孜孜不倦追求的目标，习近平总书记提出：“实现中华民族伟大复兴的中国梦，就是要实现国家富强、民族振兴、人民幸福。”② 只有不断提升综合国力，实现社会主义现代化，才能凝聚民心，增强民族自信心。民主作为一种政治理想和价值理念，具有普遍性特点。坚持民主能够有效地反对民族主义思潮中的“民族自决”等思想，有利于维护本民族的利益，维护良好的国际秩序。爱国是中华民族的优良传统，它首先表达为对国家共同发展事业的忠诚与使命。爱国引申为一种主义即爱国主义，是一种极其浓厚的情感。以爱国主义为核心的民族精神，是社会主义核心价值体系的精髓。在实现中华民族伟大复兴的进程中，爱国主义始终发挥着凝聚人心、唤醒人们心中崇高道德的重要作用，强化了人们对祖国的归属感与认同感。而社会主义核心价值观当中的其他内容亦是民族主义思潮良性发展的重要引领。

---

① 习近平：《习近平谈治国理政》，外文出版社，2014 年版，第 168 页。

② 习近平：《习近平谈治国理政》，外文出版社，2014 年版，第 39 页。

（三）加强党和政府的宣传引导

回顾中国国内民族主义产生与发展的历史过程，我们不难发现，民族主义的产生与高涨总是发生在中华民族面临生死存亡抑或是国家尊严受到挑战的时刻。每当这种时刻，民族主义就会成为凝聚民族共识与民族力量的重要途径，民族主义者会义无反顾地高举“爱国”的旗帜，激发民众的民族情绪，鼓动民众为拯救中华民族而战，进而演化为抵御西方列强、拯救中华民族的实践运动。而通过理性审视当代中国民族主义也不难发现，当中华民族在国际上遇到外侮、中国人的民族自豪感与自尊心遭受挫折时，所引发的民族主义思潮与活动多是比较温和和理性的，在政府可以掌控的范围内。美国轰炸我国驻南斯拉夫大使馆、中美撞机等事件曾引发强烈的反美浪潮，日本首相参拜靖国神社、钓鱼岛事件等曾引发的反日运动；法国总统接见达赖、奥运圣火受阻而引发的民众冲击家乐福超市等，都具有一定的可控性。可见民族主义在一定意义上是一种进步的可控政治思潮，而任何进步政治思潮都有值得借鉴的闪光点，“人类所有信仰的所有积极价值，到最后一定可以相容甚至是彼此互相蕴涵在对方之中”。当然，欲要民族主义充分展现其积极作用，消解不合理内核，离不开政府的宣传与引导。

其一，要引导大众正确辨析国内外的信息。党和政府需要向国民公布客观公正的信息，因为民族主义经常与对整个国际形势的理解和判断有关。尤其是在全球化的大潮中，各国交往联系日益密切，更多的人开始有“摆脱经验的局限和意识的朦胧状态，开始对个人、集体和国家的利益和前途表现出越来越多的体认、关心和参与的意识”。如若没有正确、客观、公正的信息，民族主义者凭借其参与的热情，依靠获取的碎片化信息进行猜测，很容易引发极端、过激的言论与行为。由此可见，即便是在面对一些官方并未定论的国际信息时，党和政府也需要引导公众进行正确辨识，培养提升其辨识问题的能力，从而能够对事件给予客观公正的认知和引导。其二，要引导大众合理宣泄爱国之情，并进行长期的爱国主义宣传教育。民族主义包含强烈的爱国之情，而对于此爱国热忱和激情需要提供合理的宣泄渠道，不能刻意压制。与此同时，党和政府需要进行长期的爱国主义宣传教育，使民众明确爱国主义的时代内涵，引导大众理性爱国，摒弃民族主义中非理性的、带有民族排斥的爱国，从而消解民族主义中不合理的因素，使之成为推动社会进步、凝心聚力的重要力量。

第六章

文化保守主义思潮评析

根据人民论坛2010年至2017年对国内社会思潮的统计，文化保守主义或新儒家皆位列前十。何谓文化保守主义呢？由于看待问题的视角不同，学界对此问题的看法众说纷纭，莫衷一是。随着现代化浪潮席卷全球，文化保守主义也应运而生。尽管文化保守主义是一种世界性思潮，但是由于历史与现实双重维度的差异，中国文化保守主义思潮具有独特的发展演变轨迹与内涵特征。

一、文化保守主义思潮的发展演变

从世界范围来看，文化保守主义的兴起是资本主义产生所带来的一种文化现象。当人类历史的长河奔流到16世纪时，欧洲资本主义逐渐成为一种主导力量开始在世界范围内扩张。伴随着这种扩张，资本主义文化作为一种高势能的文化在全球范围内肆无忌惮地冲击着其他弱势的民族文化，并激起了其他弱势文化的强烈反抗。在此过程之中，文化保守主义便与自由主义、激进主义思潮相伴而生。随着哥伦布、麦哲伦、达伽马等人的环球探险，“美洲的发现、绕过非洲的航行，给新兴的资产阶级开辟了新天地。东印度和中国的市场、美洲的殖民化、对殖民地的贸易、交换手段和一般商品的增加，使商业、航海业和工业空前高涨，因而使正在崩溃的封建社会内部的革命因素迅速发展”[①]。资本主义在西欧国家的勃然兴起带来的是向海外的大规模扩张，在此过程中，与资本主义社会经济系统相配套的资本主义文化系统同时对被侵略国家与民族的文化系统产生了猛烈的冲击。毋庸置疑，与那些前资本主义形态的文化系统相比，新兴的资本主义文化作为一种新的文化形态，具有鲜明的现代化特征，代表了历史发展的趋势。在世界范围内，一方面，世界各地区、各民族都能够不同程度地认识到资本主义所带来的现代化给人类物质生活和精神生活带来的巨大成就，从而产生向往之心；另一方面，西欧式现代化的一统天下与基督教文化霸权的野蛮扩张所形成的独断与高压之势，又使得那些后发的资本主义国家和民族对各自的文化忧心忡忡。“现代

① 《共产党宣言》，《马克思恩格斯选集》第一卷，人民出版社，1995年，第273页。

化本身是一种侵略能力，而针对这一侵略力量能做的最有效的自卫，则是以其矛攻其盾，即尽快地实现现代化。”[①] 文化保守主义正是在一批文化士人对现代化的向往之情和对各自民族文化的忧患之心的矛盾纠葛中生发。

在一般意义上，文化保守主义是民族固有文化与外来文化发生碰撞、交融的产物。在特殊意义上，近代中国的文化保守主义是以儒家文化为主干的中国传统农耕文化与以基督教文化为精神支柱的西方资本主义工业文化相互碰撞交融的产物。此两种文化的冲突早在唐代基督教传入中国时已经显示出来，至康熙年间的“中国礼仪之争”而猛烈地爆发出来。“中国礼仪之争”以中国向西方基督教基本关闭大门而告终。中西文化的交流就此中断，清王朝在千年古道上演绎落日的辉煌。直到 1840 年鸦片战争的爆发，中国人才逐渐开始思考“自强”与“制夷”的问题。王韬、郑观应等一些最先接触到蒸蒸日上的西方文化的知识分子，通过对比当时处于沉幕之际的中国文化，开始了对 1840 年中国的历史之变文化层面的思考，中国的文化保守主义思潮就伴随着这种思考而逐渐拉开了帷幕。此后，在中国大地上，文化保守主义思潮以不同的形式激荡在不同的历史时段。从时间序列及思想流变上分析，近代中国文化保守主义可划分为三大派别，即 19 世纪 60 年代至 19 世纪 90 年代的“体用派”、19 世纪 90 年代至 20 世纪 20 年代的“国粹派”、20 世纪 20 年代至 20 世纪五六十年代的“新儒家”。[②]20 世纪 80 年代以来兴起的“文化热”及相伴而生的一些文化乱象、一些所谓的“大陆新儒家”等都可算是文化保守主义的变相。

二、文化保守主义思潮的基本内容

第一次鸦片战争以后，魏源著《海国图志》，提出了“师夷长技以制夷”

---

① ［美］艾恺：《世界范围内的反现代化思潮》，贵州人民出版社，1991 年版，前言第 3 页。

② 何晓明：《近代中国文化保守主义述论》，《近代史研究》1996 年第 5 期。

的著名思想主张，他认为要挽救清王朝的颓势，就要从战舰、火器、养兵练兵之法上学习西方。这种思想的潜台词是清政府的败绩不是因为制度、观念等深层次文化要素的落后，而在于器物层面的落后，军备方面的落后尤甚。这虽然从器物层面触碰到中西文化中“道”与“器”孰高孰下的问题，但是距离中国的文化保守主义的兴起还有一步之遥。尽管如此，魏源还是以“师夷长技以制夷”开启了当时的时代课题，那就是如何向西方文化学习的问题。

随着中西文化碰撞的剧烈程度逐渐加深，这种“道”与“器”孰高孰下的问题也逐渐显现出来，“中体西用”就是这个课题的阶段性成果。中国的文化保守主义的发展历程之中，“中体西用论”作为中国近代文化保守主义的第一面思想旗帜，在中国早期现代化运动中，实际上起到了文化纲领的作用。率先提出这个思想的是冯桂芬（1809—1874）。面对英国的坚船利炮，冯桂芬从文化上开启了深层的反思，认识到清朝“人无弃才不如人，地无遗利不如人，君民不隔不如人，名实不符不如人”①，在此基础上他提出了“以中国之伦常名教为原本，辅以诸国富强之术”②的救治之方。冯氏的主张直接道出了中国近代文化保守主义的核心要义。同一时期，相似的表达还多次出现在其他人的著作之中，由此可见这种思想不是个人独见，不是一己偶得，而是时代之思。这种一时的共识能否完成对大清朝的救赎，亟待现实的检验。而在19世纪60年代至19世纪90年代由洋务派发起的洋务运动，使早期的文化保守主义思想完成了从理论到实践的跨越。纵观洋务运动的兴衰，不难看出，其力推者由两种不同类型的人物构成，一类是以曾国藩、左宗棠、李鸿章、张之洞等为代表的实权在握的实践派，一类是以冯桂芬、王韬、郑观应、薛福成、容闳等为代表的满腹经纶的理论派。前者渴求定国安邦之智，后者急需英雄用武之地，他们在文化上的共同目的可从郑观应“由外而归中”

① 冯桂芬：《校邠庐抗议·采西学议》，《晚清文选》，上海书店，1987年版，第105页。

② 同上。

论述中略见一斑："今西人由外而归中，正所谓由博返约，五方俱入中土，斯即同轨同文同伦之见端也。由时本末具，虚实备，理与数合，物与理融，屈计数百年后，其分歧之教必浸衰，而折入孔孟之正趋；象数之学必研精，而潜通乎性命之枢纽，直可操券而卜之矣！"①"由外而归中"是目的，"主以中学，辅以西学"②是手段，郑氏的思想向"中体西用"的要旨迈进了一步。"中体西用"之说及其具体内涵最终由光绪帝的老师孙家鼐提出，他说："今中国创立京师大学堂，自应以中学为主，西学为辅，中学为体，西学为用；中学有未备者，以西学补之；中学有失传者，以西学还之；以中学包罗西学，不能以西学凌驾中学。"③在此基础上，张之洞将"中学"的内涵、"西学"的内涵明确化，他说："新旧兼学，四书五经、中国史事、政书、地图为旧学；西政、西艺、西史为新学。旧学为体，新学为用，不使偏废。"④辉煌了近四十年的洋务运动，在文化、科技、军事等方面取得了一定的成果，但在甲午海战中，备受瞩目的北洋水师溃败不堪，洋务派"自强"的宏伟目标亦烟消云散，成为泡影，"中体西用"亦无法实现对大清朝的文化救赎。

在晚清政局动荡、风云变幻之际，"国粹派"登上了中国思想文化的历史舞台，成为近代中国文化保守主义的重要组成部分。1902 年，从日本游学而归的黄节将"国粹"思潮引入中国，他发表《国粹保存主义》，指出："夫国粹者，国家特别之精神也。昔者日本维新，欧化主义浩浩滔天，乃于万流澎湃之中，忽焉而生一大反动力焉，则国粹保存主义是也……其说以为宜取彼之长，补我之短；不宜醉心外国之文物，并其所短亦取之，并我所长亦弃之。"⑤这种思想一时之间得到广泛的响应，如张之洞奏议成立存古学堂，

---

① 郑观应：《盛世危言·道器》，1984 年版。

② 郑观应：《盛世危言·西学》。

③ 孙家鼐：《遵议开办京师大学堂折》。

④ 张之洞：《劝学篇》。

⑤ 黄节：《国粹保存主义》，《壬寅政议丛书·政学编·卷五》。

他说："至本国最为精美擅长之学术、技能、礼教、风尚，则尤为宝爱护持，名曰国粹，专以保存为主"[①]；梁启超希望与黄遵宪一起创办《国学报》，提出："养国保民，当以保国粹为主义，取旧学磨洗而光大之"[②]。1905年，黄节、邓实、刘师培、马叙伦等一些志同道合者成立了"国学保存会"，并出版了自己的刊物《国粹学报》，以"保种、保国、保学"为口号，认为"国粹存则其国存，国粹亡则其国亡"。在众多人物之中，章太炎虽然不是"国学保存会"的会员，但表现出了强烈的"国粹"担当精神，成为"国粹"思潮的领军人物，他说："上天以国粹付余。自炳麟之初生，讫于今兹，三十有六，凤鸟不至，河不出图，惟余亦不任宅其位……国故民纪，绝于余手，是则余之罪也。"[③] 他慨然以中国文化的担当者自居，指出："为甚么提倡国粹？不是要人尊信孔教，只是要人爱惜我汉种的历史。这个历史是就广义说的，其中可以分为三项：一是语言文字，二是典章制度，三是人物事迹。"[④] 章太炎等人希望通过在国家民族危亡之际弘扬"国粹"，激发时人爱国的衷肠，但他们主张的理论缺陷也是很明显的，如他们对满族文化的全盘否定等是不符合史实的。

民国时期，西方启蒙运动后的各种新思想接踵而至地涌向中国，对中国传统的价值观念产生了猛烈的冲击，其中五四新文化运动更是以其疾风暴雨之势动摇着中国传统文化之根本。当此之时，以吴宓、梅光迪、刘伯明、胡先骕、吴芳吉、柳诒徵、汤用彤等为核心的文化学者围绕《学衡》杂志形成了"学衡派"。《学衡》创立于1922年1月，至1933年7月停刊，历时12年，共出79期，以"论究学术，阐明真理，昌明国粹，融化新知。以中正之眼光，行批评之职事。无偏无党，不激不随"[⑤] 为宗旨。学衡派认为："复古固为

---

① 张之洞：《张文襄公全集》（影印本）第二册，中国书店，1990年版，第145页。

② 郑海麟、张伟雄编校《黄遵宪文集》，中文出版社，1991年版，第199~200页。

③ 章太炎：《癸卯口中漫记》，《国粹学报》第8期。

④ 章太炎：《章太炎政论选集》（上），中华书局，1977年版，第272页。

⑤ 参见《学衡杂志简章》。

无用，欧化亦属徒劳。不有创新，终难继起，然而创新之道，乃在复古、欧化之外”[①]，他们“以新人文主义为旗帜，反对新文化运动所依据的‘欧化’的进化论、功利主义和浪漫主义”[②]。学衡派改造固有文化与吸取他人文化的主张，自有其中正合理之处，对于今天的文化建设与发展仍有借鉴意义，但是他们旗帜鲜明地攻击新文化运动，则又自相矛盾。正如鲁迅先生所论：“诸公掊击新文化而张皇旧学问，倘不自相矛盾，倒也不失其为一种主张。可惜的是于旧学并无门径，并主张也还不配。倘使字句未通的人也算是国粹的知己，则国粹更要惭惶煞人！‘衡’了一顿，仅仅‘衡’出了自己的铢两来，于新文化无伤，于国粹也差得远。”[③]

在近代中国文化保守主义发展史上，现代新儒学将文化保守主义推上了理论的高峰，具有里程碑的意义。现代新儒学思潮形成于1915—1927年发生的东西文化问题论战与1923—1924年发生的“科学与人生观”论战期间，之后薪火相传、绵延至今，具有较大影响力。与体用派、国粹派、学衡派等不同，现代新儒家在古今、中西、科玄的对比中，从本体论的高度重新思考中国之为中国的文化特性，他们以宋明儒学的心性之学会通西学，冀图阐明中国传统文化，尤其是孔孟儒学所具有的超越时空的价值准则和思想品质。如梁漱溟“援西学入儒”，力图“洗出二千年前孔子的真面目”；冯友兰认为中国传统哲学的形上学，是好的、真正的形而上学，它看起来不切实用，但却能给人提供安身立命的人生根据；牟宗三透过康德重建儒学，彰显了中国哲学的自主性；杜维明代表儒学和西方各宗教、思想传统交流对话，开拓了西方儒学论说空间。[④]

---

① 吴芳吉：《再论吾人眼中之新旧文学观》，《学衡》1923年第21期。

② 何晓明：《返本与开新——近代中国文化保守主义新论》，商务印书馆，2006年版，第197页。

③ 鲁迅：《鲁迅全集》第一卷，人民文学出版社，1957年版，第447页。

④ 郭齐勇：《现当代新儒学思潮研究》，人民出版社，2017年版，第19~32页。

随着改革开放政策的实施，20 世纪 80 年代中国兴起了“文化热”，一些人提出了“反思进化论”，“放弃激进的社会 / 政治批判话语，转而采用文化上的保守主义话语”，这意味着“‘五四’之后 70 年，新中国成立以后 40 年，文化保守主义在中国内地的‘复兴’”[①]。20 世纪 90 年代，面对“文化热”的空泛倾向，一批学者提出了以“国学热”取代“文化热”。20 世纪 80 年代的“文化热”，侧重于否定传统；20 世纪 90 年代的“国学热”则肯定传统。20 世纪 90 年代的“国学热”主要表现为三个阶段：首先，北大发“国学热”之先声，1993 年 8 月 16 日，《人民日报》整版刊登《国学，在燕园悄然兴起》一文，揭示了北大学子对国学的研究兴趣，紧随其后又组织“国学月”，引起广泛反响；其次，官方与学术界转向“国学热”，以 1994 年隆重举办的祭孔活动为标志；最后，《中国文化》《传统文化与现代化》《学术集林》《原学》等一批国学研究刊物先后涌现。20 世纪 90 年代的“国学热”是对 80 年代的一些知识分子对西方文化盲目崇拜的反叛，一开始就带有文化认同的使命需求。因此，其在发展趋势上存在两种可能，如汤一介指出：“90 年代悄然兴起的国学热如何走向，可能还得有一段时间才能看清。照我看，可能有两种走向，一是能真正把中国传统文化放在整个世界文化发展的总趋势中来考察，使得中国文化的真精神和现时代的时代要求接轨，这将是中国文化走出困境的唯一的出路。但是，从历史的经验和目前的趋势来看，也有另外一种可能，这就是国学热离开了学术的轨道而意识形态化，从而背离某些学者热心弘扬中国民族文化的初衷。”[②]

反观 20 世纪 90 年代以来的国学研究，基本上沿着前一路径发展，但是也出现了打着“国学”幌子的种种“伪国学”现象，这种现象在进入 21 世纪后仍接连不断。具体表现有：

---

① 何晓明：《返本与开新——近代中国文化保守主义新论》，商务印书馆，2006 年版，第 304 页。

② 汤一介：《文化热与国学热》，《新华文摘》1995 年第 5 期，第 20 页。

（1）读经班的兴起。自2004年起，约有3000家私塾、学堂涌现全国，读经声响彻各地，民间教育实验盛况空前，人们对体制教育的不满投射其中，又将对传统文化的热忱附着其上。2016年8月29日，《新京报》发表独家调查文章《少年读经十年，一朝圣贤梦碎》，介绍了济南读经少年郑惟生从少年到成年，十年读经，而难以适应现实社会需求的经历。针对这种国学私塾现象，教育部在2017年9月表态，私塾只能是学校教育的补充，让孩子退学上私塾的情况要责令限期改正，情节严重或构成犯罪的，要依法追究法律责任。

（2）形形色色的女德班屡禁不止。所谓“女德”班，是指以宣扬“女德”为主要内容的培训班。2014年9月21日，中国之声《新闻晚高峰》报道，“打不还手，骂不还口，逆来顺受，绝不离婚”，这16个字被形容为学堂倡导的“女德”四项基本原则。这种思想甚至渗透到大学校园中，堂而皇之地登上大学校园的讲堂。《人民日报》曾对此批评道：“明为女德班，实为坑女班，这种班为何未曾断绝且仍有市场？放任这种机构存在就是监管失职，把孩子送到这种班就是坑害孩子。”

（3）挂国学之名，行风水、算命之实的一些机构时常成立。随着“国学热”的发展，不少地方成立了冠以“国学”相关之名的机构，其成员甚至没有任何国学或中国传统文化的知识基础。他们打着“国学”的幌子，故弄玄虚，谋取经济利益。如于2019年5月17日被北京市民政局联合东城区民政局依法取缔的“中国国学院”及其下设的“中国国学院数字全息研究院”，称手机号不吉利花几千块请大师算命改号，交两万七可以评选为“国学使者”，掏十几万还可以再办一个分支机构自己招收会员等，乌烟瘴气，恶紫夺朱。

（4）其他乱象。如国学总裁班、名人故里之争、一些“古”怪的吃法、使用轩辕历、一些低级趣味的民俗等都打着“国学”的名义，在一定程度上混淆视听。

三、文化保守主义思潮的评析

从 19 世纪 60 年代至今，中国的文化保守主义已经发展了一个半世纪，从中体西用到今天的“大陆新儒家”，中国的文化保守主义总能以不同形式登上历史舞台。可能不像其他社会思潮那样有影响力，但它确实在一定程度上反映了一部分社会心理，折射了我国的文化。存在即是合理的，社会存在决定社会意识。中国的文化保守主义能够长久地占据社会思潮的一席之地，自有其合理之处，也有其积极的一面。

首先，中国的文化保守主义对建立中国文化主体性、增进文化认同、树立文化自信有积极的促进作用。自第一次鸦片战争后，随着清政府国门被炸开，西方资本主义文化携高能之势席卷各大通商口岸，并向其他非开放地区渗透，冲击着发展了几千年的中国传统文化。与封建专制文化相比，资本主义文化的先进性很快就吸引了一大批知识分子的兴趣，并在思想文化界形成压倒性的传播优势。自 1840 年以来，“全盘西化”的声音不止一次飘荡在中国思想文化的高空，从梁启超第一次欧游时的“叹为观止”，到新文化运动期间出现的废除汉字的主张，再到 20 世纪 80 年代醉心西风的“文化热”。每当自抑以崇西、自贬以媚西的声音出现时，中国的文化保守主义者总能扛起中国传统文化的大旗，为中国文化的主体性而奔走呼号。他们对中国传统文化的继承和弘扬带着强烈的使命意识，同时又对西方文化保持相应的理性，希望通过中西对比呈现中国传统文化的优势所在，并找寻中国传统文化在现代的生长路径。早期的“中体西用”以及 20 世纪 90 年代兴起的“国学热”都能够反映出中国的文化保守主义者的这种情怀和努力。与农业时代的文化重和平的特性相比，资本主义文化带有显著的侵略属性，这又让一批对中国传统文化有着深深眷念、具有家国情怀的知识分子忧心忡忡。资本主义在全球扩张，不仅仅通过军事的坚船利炮侵占落后国家的领土，而且要通过文化的侵入完成对被侵略国家与民族的精神殖民。如 1835 年，英属殖民地印度的公共教育委员会主席考莱曾宣布：“我们必须努力去造就一个阶级……这个阶级的人，在血缘和肤色上是印度人，但在情趣、观点、品行和才智上则是英国人。”[①]再如，西方列强与清政府签订的一系列不平等条约中，允许传教士在通商口岸自由传教是不可或缺的要求；日本侵略者在中国的沦陷区施行的奴化教育同样是意图从精神上改造中国人，实现对中国人的精神奴役。随着资本主义的发展，西方发达国家对发展中国家的文化渗透变得隐秘起来，但其资本主义文化侵略的本质并没有改变，“以消费主义为特征的，借助于高技术手段进行大批量生产的文化工业，尤其是通过大众消费媒介广为传播的西方文化其实是意识形态控制的新形式”[②]。正是为了应对这种文化上的殖民主义，所以有“国粹派”“保国、保学、保种”的文化主张；正是为了批判西化论者，所以在20世纪90年代的“国学热”中，“中国人之为中国人的特质”“中国传统文化能为世界贡献什么”成为关注的热点。正是在中西对比中，越来越多的知识分子对中国优秀传统文化有了自觉的意识，这为中国优秀传统文化在当代的传承与发展，为中国人树立文化自信奠定了本土文化的基础。

其次，中国的文化保守主义者对以西方现代性为典型特征的现代化的批判，对当今中国现代化进程的推进有着借鉴意义。长期以来，人们认为现代化只有一条道路，那就是西方资本主义发展道路。但是随着资本主义的发展，其内在的无法救治的弊端也暴露出来，如人的异化问题、环境污染问题、对和平的破坏、对工具理性的盲目自信等，无疑不对人类社会的生存和发展构成了挑战。中国的文化保守主义者正是看到了西方现代化道路上的种种弊端，而意图从传统文化中寻找救弊之方。他们发现中国传统文化中的道德人文主义、天人合一、重视和平、高扬价值理性等理念与思想在现代化显示出种种弊端的时候尤其珍贵。梁启超第二次游历欧洲时，目睹第一次世界大战给人类带来的满目疮痍的伤害，一改第一次出游时叹为观止的态度，认为西方资

---

① ［美］斯塔夫里亚诺斯：《全球分裂》（上），迟越等译，商务印书馆，1995年版，第244页。

② ［英］汤林森：《文化帝国主义》，冯建三译，上海人民出版社，1999年版。

本主义文化并不像想象中的那样完美，反而能够给世界带来毁灭性的灾难，而中国传统文化不仅没有西方文化那样的破坏性，反而在比较中显示出无法取代的优势。现代新儒家的一个重要思想就是批判西方文化所造成的物质与精神、感性与理性的紧张与冲突。今天我们能够重新审视现代性，认为：现代性的获得，是一项世界性成就，并非一隅之地的封闭式独创；“现代性”是一个相对概念，所有社会，包括最具现代性的社会，都保有某些传统特点，不宜把传统性与现代性当作两个完全对立的文化标志；现代性与西方文化互有缠绕，必须警惕其间的认识陷阱；“现代性”时下遭遇后现代的挑战，“解构现代性”成一新命题；现代性即使在发源地西方，也既有连续性又有断裂性，而在中国，由于现代性是经由外力引发的，其与传统的断裂尤为明显，要达成断裂性与连续性的统一，必须通过一个崎岖坎坷的历程。[①]

最后，中国的文化保守主义者在对传统文化的坚守和对西化的批判中所采取的态度与方法，对今天正确继承和弘扬中华优秀传统文化积累了方法基础。中国的文化保守主义从未将西方资本主义文化一棍打死，也从未认为中国传统文化毫无弊端，而是从一开始就主张理性地对待中西、古今问题。正是因为有这种理性的态度，所以他们才有方法的自觉。如张之洞一方面承认新学是大势所趋，一方面又主张“王制”才应“常宗”；一方面批判守旧派不知变通，因噎废食，一方面又批评开新者不知本，歧路亡羊。他认为“枢纽只在此‘化新旧之见’五字”[②]，“化新旧之见”可以说是体用派方法论的核心。又如国粹派认为：“世道衰微，欧化灌注，自宜挹彼菁英，补我阙乏。……达变之士方议沟通释耶，合炉熔铸，岂犹谬袭成见，阻塞新知”[③]，“沟通释耶，合炉熔铸”可以说是国粹派的方法论的核心。又如学衡派吴宓

① 冯天瑜：《中国文化生成史》，武汉大学出版社，2013 年版，第 14 页。

② 苑书义等编：《张之洞全集》第 10 册，河北人民出版社，1998 年版，第 8490 页。

③ 许世由：《国粹学报三周年祝词》，《国粹学报》1907 年第 38 期。

指出："盖吾国言新学者，于西洋文明之精要，鲜有贯通而彻悟者。苟虚心多读书籍，深入探幽。则知西洋真正之文化与吾国之国粹，实多互相发明，互相裨益之处，甚可兼蓄并收，相得益彰"①，"互相发明，兼蓄并收"是学衡派方法论的核心。再如在 20 世纪 90 年代的"国学热"中，汤一介提出了"返本开新"说，所谓"返本"，是指在复兴传统文化的过程中始终坚持、传承优秀传统文化的基本精神和精髓；所谓"开新"，就是在继承发扬这些基本精神的前提下开拓创新。这些方法对我们今天继承和弘扬中华优秀传统文化具有重要的借鉴意义。

上述三个方面可能并未道尽中国的文化保守主义在中国文化发展史上的积极意义，但并不能因此而看不到它的消极影响。中国原有的价值系统早已处在不能不解体、不能不转型、不能不重组的境地，中国的文化保守主义者过于执着于继承，偏重于理论建构，不注重与中国现实的紧密联系，不可避免地存在着弊端和消极影响。

首先，中国的文化保守主义者虽然都认为中国传统文化需要创新，但创新的前提是"返本"，而问题是"返本"是不是"创新"的先决条件。中国的文化保守主义者面对新问题的解决之道是回到传统，这就形成了一种"后顾性的文化价值取向"②。这种后顾性的文化价值取向"必然严重限制文化保守主义的眼界和视角，无法以真正健康的心态，迎接新的知识经济时代、民主法制社会的到来"③。以读经班为例，文化保守主义者认为要解决中国现行教育的弊端，就要回归传统，读经是必需的环节，王财贵当初创建读经班时说："今天，我们的学生考分高，素质差，校园内青少年学生的'问题'

---

① 吴宓：《沃姆中国教育谈》，《学衡》1923 年第 23 期。

② 何晓明：《20 世纪中国文化保守主义论》，《河北学刊》2005 年第 3 期。

③ 何晓明：《返本与开新——近代中国文化保守主义新论》，商务印书馆，2006 年版，第 352 页。

越来越多。'无关心，无气力，无责任，无感动，无抵抗，无批判，无能力，无礼貌，无学力，无教养，无节操，无定见，无思想'的'十三无主义'者比比皆是。显而易见，他们的问题不是出在经济上，也不在聪不聪明上，甚至也不是知识够不够的问题。他们的问题是出在人文文化教养的不足之上。"这些问题虽然在不同程度上是现代教育的一些弊端，但问题是依赖读经这样的教育能否纠正这种弊端？现代教育尽管不那么尽善尽美，但是其优势也是非常明显的，放弃现代教育而转向读经，就等于把现代教育的优势也统统放弃了。从某种意义上来说，对现代教育的拒斥，也就是对现代文明的拒斥，这显然是不合理的。以"读经"取代现代教育，其实就是把读经所代表的古代教育作为教育是否合理的标准，读经就是一些人所谓的教育的"返本"。所以，以绝对读经取代现代教育模式不仅不可取，而且会带来教育的灾难。"读经"作为培养人文素养的一种方式，只能是现代教育的一种补充。中国优秀传统文化是现代文化的一种有益资源，但把传统文化作为衡量现代文化发展的标尺，则是不合理的。

其次，由于认为"统摄其心魄的是美好的过去"[①]，中国的文化保守主义者在一定程度上很难认识到"现代化所必需的社会系统的'整体创造性转换'的决定性意义"[②]。以"大陆新儒家"为例，他们认为自己与"港台新儒家""海外新儒家"的最大不同是，他们不是坐而论道，而是要"体国经野"，切实践行古代儒家的内圣外王之道。他们要从文化与思想领域进入政治与制度领域，实践从"修身齐家"到"治国平天下"这种自内向外的儒家逻辑。可问题是，从"内圣"到"外王"，说说容易，一旦进入实际操作领

① ［美］爱德华·希尔斯：《论传统》，傅铿、吕乐译，上海人民出版社，1991年版，第280页。

② 何晓明：《返本与开新——近代中国文化保守主义新论》，商务印书馆，2006年版，第40页。

域，习惯于道德伦理教化，最多能够提出礼乐制度的儒家往往束手无策，无奈之下，他们往往只能移形换位、改弦易装，由公开的儒家变成隐藏的法家，或者干脆从法家那里挪用资源。

“大陆新儒家”试图通过这样的论证来解决当代问题，但他们没有意识到的是，这种论证本身都是无法成立的，而这正好说明他们这种设计不仅是不必要的，而且从来也没有存在过，它只是一些论者的幻想或误区而已。在这种意义上，一些正统的儒学研究者，如郭齐勇提出：“历史和现实昭示我们，儒家的终极关怀、道德理想主义的某些合理因素保留在新的统一交融的文化体系之中，甚至超越国界保留在全人类的新的文化之中，都是有可能的，但其‘内圣外王’的基本结构原封不动地保存下来，却是不可能的。”①而这种对“过去的美好”的执着，会导致“系统架构的越精巧，就越可能远离现实”②。

最后，中国的文化保守主义者在理论上和实践上都与新时代中国的发展有一定的距离，这决定了中国的文化保守主义者，不可能从根本上解决中国发展中所遇到的问题。中国的文化保守主义一方面在理论上与马克思主义产生了距离。从新文化运动开始，在中国思想文化领域就产生了传统文化与西方文化的碰撞交融问题，如果将这一历史进一步细化的话，那么可以说传统文化与西方文化、马克思主义的对话交流是20世纪20年代以来的文化发展态势。在20世纪20年代，以西方科学主义为主导的文化传到中国时，形成了著名的“科玄之争”。在与20世纪80年代的“文化热”所表现的文化激进主义者交锋的过程中，“国学热”发出了自己的声音。在这些文化现象背后，中国的文化保守主义者与马克思主义保持了距离，“大陆新儒家”甚至提出“以‘儒学’‘儒教’取代马克思主义的主流意识形态地位”③。正是因为对马克思主义的这样的态度，所以中国的文化保守主义始终不能够切近

① 郭齐勇：《现当代新儒学思潮研究》，人民出版社，2017年版，第40页。

② 景海峰：《新儒学与二十世纪中国思想》，中州古籍出版社，2005年版，第280页。

③ 霍晓玲：《正确认识当代中国文化保守主义思潮》，《探索》2012年第5期。

中国发展中遇到的实际问题，而处于一种自说自话的状态。所谓“把儒教重新定为国教”、把中国变成“儒士共同体专政”只是论者一厢情愿的黄粱一梦。中国的文化保守主义者另一方面在实践上脱离了中国特色社会主义发展的实际。中国的文化保守主义者在理论上与马克思主义保持距离，决定了他们不可能深入中国发展的实际，尤其不能够深刻理解中国特色社会主义的发展实际。以当代中国的文化保守主义为例，他们对中国特色社会主义经济、政治的实际发展情况有相当的隔膜，如果脱离了中国现代化发展的实际，而唯独钟情于自然经济基础上的文化形态，那么又如何能够适应中国当下的发展呢？“在唯物主义历史观看来，儒家文化也罢，道教文化也罢，抑或佛教文化，其本质上都是建立在自然经济基础上的不同文化表现形式而已，归根结底，都是从传统农业生产方式与交换方式上生长出来的文化。与建立在工业的生产方式与交换方式上的资本主义文化相比，儒家文化处于相对落后的地位，是一种落后的文化形式。如果中国的文化复兴走的是复兴以儒家文化为代表的传统文化道路，那我们如何用落后的农业文化去对抗资本主义相对先进的工业文化？如何在世界文化话语权中争得一席之地？这种对抗的结果可想而知。因此，复兴儒家文化，走的就不是一条增强当代中国文化软实力的道路，而是一条削弱文化软实力的道路。在当前，任何形式的文化复古主义道路都是行不通的，也是毫无历史前途的。”①

四、文化保守主义的引领与消解

纵观中国文化保守主义的发展历程，往往在中国社会发展的重要历史关口，文化保守主义者们试图从民族文化的角度思考问题，他们一方面试图从历史文化深处寻找民族前进的突破口，一方面试图让古老的文化传统接续当代，焕发出中华文化的勃然生机。我们不能否认中国的文化保守主义在民族

① 戴圣鹏：《中国文化复兴道路中的两大歧途：自由主义与复古主义》，《中国社会科学报》2011 年 11 月 15 日。

文化认同、反思西方现代性的弊端，以及在传承中华优秀传统文化方法上的探索等方面取得的突出贡献。但我们同样应正视中国的文化保守主义在理论和实践上的缺陷以及在社会上产生的消极影响。因此，我们要辩证地对待文化保守主义思潮，既不能全盘否定，也不能盲目跟风，而是要用马克思主义的文化观引领文化保守主义思潮发挥其积极作用，消解其消极影响。

首先，要坚持马克思主义在意识形态领域指导地位的根本制度。党的十九届四中全会通过的《中共中央关于坚持和完善中国特色社会主义制度、推进国家治理体系和治理能力现代化若干重大问题的决定》指出，“我们要坚持和完善繁荣发展社会主义先进文化的制度，巩固全体人民团结奋斗的共同思想基础”，并从五个方面进行了部署，其中第一个方面就是坚持马克思主义在意识形态领域指导地位的根本制度，这充分体现了我们党对社会主义文化建设规律的认识达到了一个新高度。确立将马克思主义在意识形态领域指导地位的根本制度，是将“中国化马克思主义文化理论大大向前推进了一步”。“‘根本制度’的确立，严格说来是把马克思主义在文化领域、意识形态领域的指导功能和引领作用给制度化了。这样一来，坚持马克思主义在意识形态领域的指导地位，就不再仅仅是停留于理论层面或思想务虚层面的号召和呼吁，而是规定了它的制度性和实践性，规定了它与国家治理体系和治理能力的关联性，规定了它在处理事务上必须遵循的准则性。这样一来，也就真正把属于思想理论方面的要求落实到了实践中去，把理论指导的功夫落实到了行动的层面，让原本精神性的东西在具体的实践中扎根并生成带有某种物质性因素的制度和规则了。通俗一点讲，‘根本制度’的确立，就是把理论表述和理念宣示提升到了根本性的制度安排层面。这不仅对马克思主义在意识形态领域的指导地位是有力的捍卫，而且把中国化马克思主义文化理论大大地向前推进了一步。”[①] 就中国传统文化的传承与创新而言，中国

① 董学文：《坚持马克思主义在意识形态领域指导地位的根本制度》，《红旗文稿》2020 年第 1 期。

的文化保守主义者，往往聚焦于处理中国传统文化与西方文化的关系，而对中国传统文化与马克思主义的关系往往置若罔闻，这种做法显然与中国的发展实际严重脱节。如一些所谓的“大陆新儒家”提出的“中国必须再儒化”，正是因为无视百年来马克思主义在中国的发展，无视中国特色社会主义发展的实际，无视中国当代社会发展的理论需求与文化支撑，所以陷入“泥古”的思维模式。坚持马克思主义在意识形态领域指导地位的根本制度，对于文化保守主义者而言，就是要坚持传承中国优秀传统文化的正确方向，跳出“凡古皆好”的错误认识怪圈，立足于中国文化发展实际，让中国优秀传统文化扎根于当代中国的土壤，从而发挥出应有的价值。

其次，引导人们坚持正确的文化观。习近平总书记在十九大报告中指出：“广泛开展理想信念教育，深化中国特色社会主义和中国梦宣传教育，弘扬民族精神和时代精神，加强爱国主义、集体主义、社会主义教育，引导人们树立正确的历史观、民族观、国家观、文化观。”文化保守主义思潮之所以能够在社会中产生消极的影响，是因为无论是对文化保守者而言，还是对受众而言，都没有坚持马克思主义的文化观。所谓正确的文化观，就是要思考文化的本质是什么、文化是怎么产生的、文化的功能是什么、文化由谁来创造、谁来引导文化的发展等问题。针对这些问题，习近平总书记都有具体的论述，如关于文化的本质，习近平总书记强调我们所要发展的文化，是以马克思主义为指导的，面向现代化、面向世界、面向未来的，民族的、科学的、大众的中国特色社会主义文化。关于文化的发展道路，习近平总书记指出推动社会主义文化繁荣兴盛、建设社会主义文化强国，必须坚定不移走中国特色社会主义文化发展道路。关于文化主体，习近平总书记指出：“人民既是历史的创造者，也是历史的见证者；既是历史的‘剧中人’，也是历史的‘剧作者’。”①。关于文化发展的领导力量，习总书记强调党的领导是推动社会主义文化繁荣兴盛的根本保证，要牢牢掌握意识形态工作领导权，始终坚

① 《习近平谈治国理政》（第2卷），外文出版社，2017年版，第349页。

持社会主义先进文化前进方向，始终把文化发展的社会效益放在首位。[①]文化作为一种社会意识，从本质上而言是对社会存在的反映。那种脱离中国发展实际，脱离人民需求，只在脑海里想当然地建构起来的文化观，可以说是一种形而上学的文化观，既不利于对传统文化的传承，也无益于新时代中国特色社会主义文化的发展,最终只能导致传统文化的传承发展成为镜花水月。

再次，坚持对中华优秀传统文化创造性转化、创新性发展的方法论。习近平总书记在十九大报告中强调要“推动中华优秀传统文化创造性转化、创新性发展，继承革命文化，发展社会主义先进文化，不忘本来、吸收外来、面向未来，更好构筑中国精神、中国价值、中国力量，为人民提供精神指引”。创造性转化、创新性发展的方法论包含三个问题，即创造性转化、创新性发展是什么？怎么样创造性转化、创新性发展？创造性转化、创新性发展是为了什么？针对创造性转化、创新性发展是什么，张岱年先生曾在批评文化保守主义思潮时指出：“我们要发扬中国文化的优秀传统，其中包括儒学中的精湛思想，但从整体来说，我们不可能复兴儒学。儒家学说在中国占统治地位的时代已经一去不复返了……我们可以批判继承儒家学说的一些观点，同时也可以批判继承道家、墨家的一些观点，还应吸取西方学术思想的一些有益内容。新中国文化应是古今中外文化成果的集萃。”[②]2017 年 1 月 25 日，中共中央办公厅、国务院办公厅为建设社会主义文化强国，增强国家文化软实力，实现中华民族伟大复兴的中国梦印发了《关于实施中华优秀传统文化传承发展工程的意见》，在此《意见》中指出，我们应当传承发展的中华优秀传统文化，包括中华人文精神、核心思想理念、中华传统美德三个方面。针对怎么样创造性转化、创新性发展，可以用习近平总书记在 2014 年 2 月在主持政治局第十三次集体学习时的讲话来回答。习近平总书记指出：“要

① 沈壮海：《新中国 70 年与中华民族文化自信的重建》，《思想理论教育导刊》2019 年第 9 期。

② 张岱年：《张岱年全集》（第七卷），河北人民出版社，1996 年版，第 126 页。

讲清楚中华优秀传统文化的历史渊源、发展脉络、基本走向，讲清楚中华文化的独特创造、价值理念、鲜明特色，增强文化自信和价值观自信。……深入挖掘和阐发中华优秀传统文化讲仁爱、重民本、守诚信、崇正义、尚和合、求大同的时代价值。”“讲清楚”与“深入挖掘和阐发”就是回答如何创造性转化、创新性发展的问题。“讲清楚”的对象是历史渊源、发展脉络、基本走向，是独特创造、价值理念、鲜明特色；“深入挖掘和阐发”的对象是时代价值。那么创造性转化、创新性发展是为了什么呢？中国特色社会主义文化是由优秀传统文化、革命文化、社会主义先进文化三部分构成的，中华优秀传统文化是中国特色社会主义文化的一部分，我们传承与弘扬中华优秀文化，是要将优秀传统文化的精髓吸收到中国特色社会主义文化的机体之中，是为了中国特色社会主义文化的繁荣、发展、壮大，而不是用中华优秀传统文化取代中国特色社会主义文化。

最后，坚持社会主义核心价值观对文化建设的引领。党的十九届四中全会明确提出“坚持以社会主义核心价值观引领文化建设制度”，这为中华优秀传统文化的创造性转化、创新性发展确立了价值主线。文化的核心是价值观。我们对传统文化的创造性转化和创新性发展，不是以所谓的“普世价值”为标准，不是要走所谓的“与国际接轨”的线路，而是要有我们自己的价值追求，那就是社会主义核心价值观。文化的功能是化人。通过社会主义核心价值观引领中华优秀传统文化的创造性转化、创新性发展，是要让中华优秀传统文化的价值系统接续中国特色社会主义价值系统，不是用传统的价值系统规范当代社会主义价值系统。在价值系统上，中国文化保守主义思潮往往采取的是“新瓶装旧酒”的态度，而以社会主义核心价值观引领文化建设，则是“新瓶装新酒”。这个“新酒”吸纳了古法，而古法又因为有了新的引领而焕发生机。

后 记

本书是2016年河南省高等学校哲学社会科学应用研究重大项目“当代社会思潮：引领与消解”（项目编号为2016-YYZD-10）的最终成果。作为一种特殊的社会意识，社会思潮受客观的社会存在制约，是社会生活的“晴雨表”和“风向标”。在当代社会，各种形形色色的社会思潮相互激荡，彼此交融交锋，不仅对人们的思想行为产生重要的影响，而且对党的意识形态建设带来严峻的挑战。作为一名长期从事高校思想政治理论课教学研究的管理者、参与者和践行者，我始终对当代社会思潮给予高度关注并积极进行研究。基于此，在蔡中华博士的大力协助下，我于2016年申报了河南省高等学校哲学社会科学应用研究重大项目并获得了立项资助。课题立项后，项目组按研究内容和研究计划开展工作，并利用思政课教学、学科点建设、学术会议等方式对研究成果进行推广，取得了良好效果。

本书是集体合作、协同公关的成果。我负责全书的提纲拟定并统稿、定稿。任金帅博士、亢飞博士承担了书稿的主要撰写任务。本书在撰写过程中，参阅、吸收和借鉴了国内外相关文献资料。我指导的研究生王瑞恬、王淄、王兰芳、高莹、张雅新、汪昭邑等，在资料收集整理、文字校对等方面付出了努力，在此对他们表示诚挚的感谢。

由于水平所限，书中错讹难免，欢迎读者批评指正。

刘振江

2020年12月3日